Ralf Kramp · Ira Schneider · Carsten Sebastian Henn

Das kriminelle Kochbuch

Killer, Schnüffler und Rezepte

Kramp · Schneider · Henn

Das kriminelle Kochbuch

Killer, Schnüffler und Rezepte

KBV

Ralf Kramp ist Autor und Krimi-Fachmann aus der Eifel. Er besitzt Deutschlands größte öffentliche Krimibibliothek (30.000 Bände) und ist ein begeisterter Hobbykoch.
Ira Schneider ist Food-Journalistin, verfasst Kochbücher und Reportagen zu genussvollen Themen und setzt mit großer Leidenschaft Lebensmittel fotografisch in Szene. Foto: © Klaus Görgen
Carsten Sebastian Henn gilt in Deutschland als König des kulinarischen Krimis. Er ist Autor und Gastrokritiker und außerdem Chefredakteur der Zeitschrift Vinum. Foto: © Mirko Polo

FSC www.fsc.org
MIX
Papier aus verantwortungsvollen Quellen
FSC® C002419

www.kbv-verlag.de · E-Mail: info@kbv-verlag.de · Telefon: 0 65 93 / 998 96-0

Layout: Sabine Hockertz, KBV
Druck: Bastiandruck, Föhren

Printed in Germany
ISBN 978-3-95441-545-8

EIN KLEINER GRUSS AUS DER KRIMIKÜCHE

»Mit Mord ist es wie mit Kartoffelchips.
Du kannst nicht nach einem aufhören.«
(Stephen King)

Oh, Sie lieben Krimis? Die im Fernsehen? Oder die Bücher? Na, das trifft sich ja gut – wir nämlich auch. Wenn wir ehrlich sind, können wir gar nicht genug davon kriegen. Es ist ein bisschen so wie bei besonders gutem Essen. Doch, ja, das kann man irgendwie schon miteinander vergleichen, das haben wir schon vor langer Zeit festgestellt.

Immer, wenn im Buch eine Speise beschrieben wird, die der Kommissar zu sich nimmt, wenn es in die Küche des Verdächtigen geht, oder wenn die Ermittlungen ins Restaurant führen, dann schaut man besonders genau hin. Oder beim Fernsehkrimi – Hand aufs Herz, Ihnen läuft doch auch das Wasser im Mund zusammen, wenn Sie die dampfenden Speisen sehen, die unter Garantie köstlich duften. Der unweigerlich eingeschlagene Weg zum Kühlschrank muss dann immer ganz schnell zurückgelegt werden, damit man nicht die Auflösung und Verhaftung verpasst.

Wenn man erst einmal seinen Blick für die kulinarischen Momente in all den Krimis geschärft hat, begegnen einem plötzlich überall die größten Genüsse. Ja gut, Morde, Leichen und Verfolgungsjagden sind selbstverständlich auch mit im Spiel, aber die kann man ja wohl kaum zu Hause nachmachen, oder?

Nachkochen kann man zu Hause aber schon. Nachkochen und essen. Und sich dabei ein wenig so fühlen wie in dem Krimi, den man gerade gelesen oder gesehen hat. Sehen Sie, und da kommen wir ins Spiel, denn wir haben da etwas für Sie vorbereitet. Wir haben gelesen, gelesen, gelesen, wir waren im Kino und haben stapelweise DVDs geguckt, wir haben die Fernsehprogramme durchforstet und unentwegt gestreamt. Und dann haben wir gekocht. Alles, was Sie in diesem Buch finden, haben wir auf dem eigenen Herd ausprobiert, liebevoll dekoriert und fotografiert und hinterher mit Genuss verspeist. Wir haben gekocht, was Madame Maigret kochte, haben getrunken, was James Bond trank, und wir haben gegessen, was Miss Marple aß. Und dann haben wir alles für Sie aufgeschrieben, damit Sie ebenso viel Vergnügen daran haben können wie wir.

Probieren Sie es aus. Ziehen Sie die Schürze an und legen Sie los. Sie befinden sich in bester Gesellschaft, denn Sherlock Holmes, Jessica Fletcher und Kurt Wallander schauen Ihnen über die Schulter.

Wir wünschen Ihnen einen mörderisch guten Appetit!
Ralf Kramp, Ira Schneider und Carsten Sebastian Henn

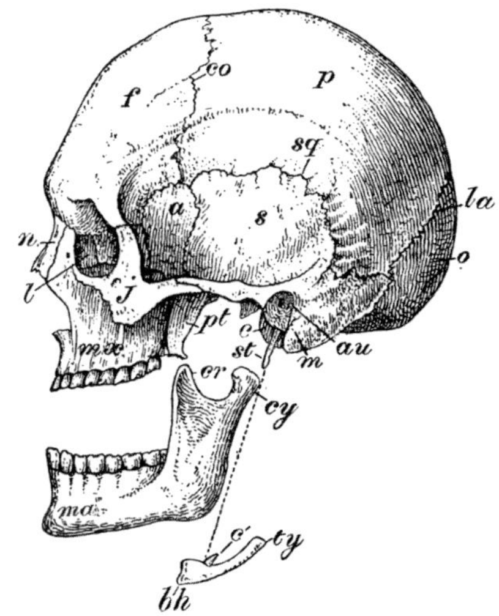

INHALTSVERZEICHNIS

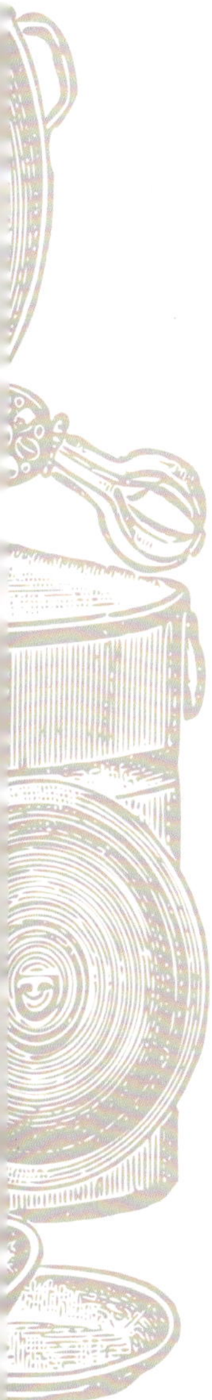

NIEDERTRACHT AM NACHMITTAG

TEATIME

PICKNICK

ABGANG AM ABEND

DINNER

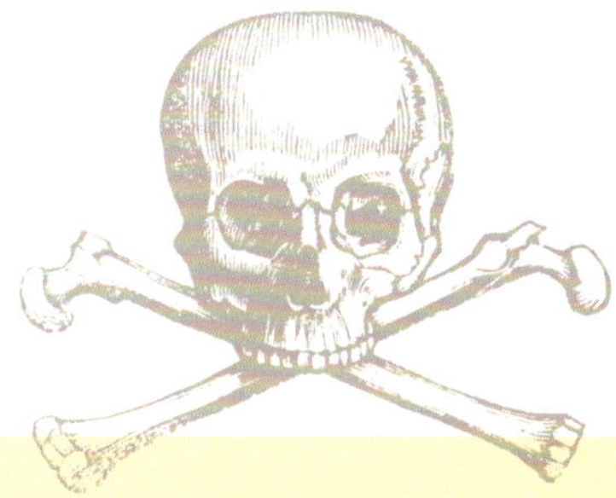

GEFÄHRLICHES WISSEN

Mörderisches am Morgen

REGULAR OR DRIP GRIND
LORD CALVERT
COFFEE
ROASTED AND PACKED BY
LEVERING COFFEE CO., BALTIMORE, MD.

ENGLISCHES FRÜHSTÜCK

»Abgesehen von den Komplikationen des menschlichen Frühstückstisches existiert das Ei im elementaren Sinne nur, um das Huhn zu produzieren. Aber das Huhn existiert nicht nur, um ein weiteres Ei zu produzieren. Der Mensch kann auch existieren, um sich zu amüsieren, Gott zu loben und sogar einem französischen Dramatiker Ideen vorzuschlagen.«

(Gilbert K. Chesterton)

FRISCH GESTÄRKT AUF MÖRDERJAGD

»Der Tisch war vollständig gedeckt, und gerade als ich läuten wollte, trat Mrs Hudson mit Tee und Kaffee ein. Ein paar Minuten später brachte sie drei Gedecke, und wir alle setzten uns zu Tisch …«
(Der Flottenvertrag, 1893)

»Mrs Hudson hat sich dem Anlass gewachsen gezeigt«, sagte Holmes und lüftete den Deckel einer Schüssel mit Curry-Hühnchen. »Ihre Kochkunst ist etwas beschränkt, aber vom Frühstück hat sie eine ebenso gute Auffassung wie eine Schottin. Was haben Sie da, Watson?«

»Schinken und Eier«, antwortete ich.

»Gut! Was nehmen Sie, Mr Phelps – Currygeflügel oder Eier, oder wollen Sie sich selbst bedienen?«

Die Vorliebe der Briten für Curry ist in der Eroberung des indischen Subkontinents im 17./18. Jahrhundert begründet. Es war nicht gleich die sprichwörtliche Liebe auf den ersten Blick, die die britischen Kolonialherren für die delikate Gewürzmischung empfanden. Der englische Gaumen war bislang eher an fade, totgekochte Gerichte gewöhnt. Aber es dauerte überraschenderweise gar nicht so lange, bis man auf den Geschmack kam. Seither hat es in Großbritannien Tradition, indisches Essen englisch abzuwandeln. Curry kann man zu jeder Tageszeit und jeder Mahlzeit genießen. So auch beim Frühstück. Dort ist es eine von vielen Facetten unterschiedlichster Geschmacksrichtungen – von süß bis sauer, von scharf bis bitter.

Ein echtes englisches Frühstück mit allem Drum und Dran verleiht den Menschen auf der Insel Kraft für den ganzen restlichen Tag. Den gemeinen Kontinentaleuropäer hingegen lähmt es hingegen erst einmal mindestens für den gesamten Vormittag.

Der berühmte Amateurdetektiv Lord Peter Wimsey frühstückt natürlich ganz standesgemäß. Davon zeichnet der erste Roman Der Tote in der Badewanne (1923) bereits ein eindrückliches Bild. Inspector Parker, der vor dem angebrannten Porridge seiner Haushälterin geflohen ist (»Das Porridge können Sie mit nach Hause nehmen.«), findet sich hungrig in Wimseys Gemächern ein, wo ein köstlicher Duft von Nieren und gebratenem Speck in der Luft hängt. Aus dem Badezimmer dringt Lord Peters Stimme, die inbrünstig die Bach-Messe in B-Moll intoniert: »Et iterum venturus est …«

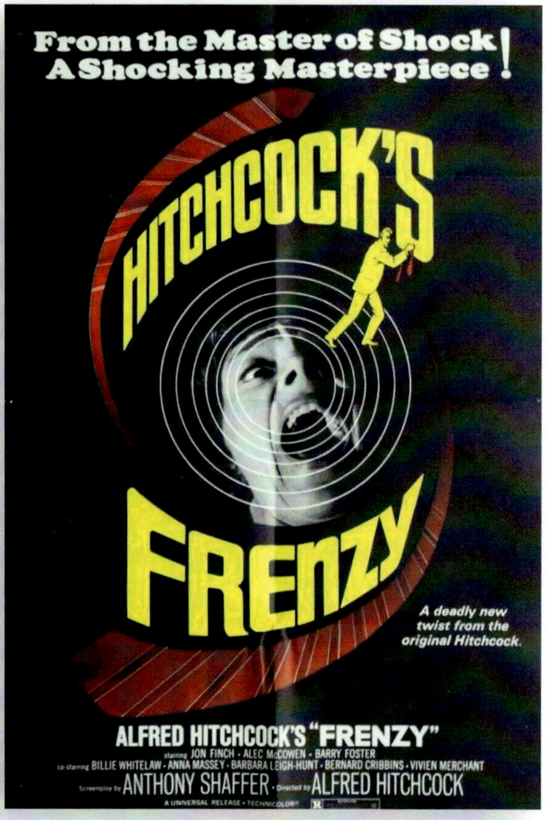

Kurze Zeit später erscheint der Hausherr auf der Bildfläche, frischgewaschen glänzend, von Verbenenduft umwölkt, in einem munter mit bunten Pfauen gemusterten Hausmantel. Man beginnt, genüsslich miteinander zu frühstücken.

Der Inspector hat das Porridge schon bald vergessen, denn die Nieren sind über alle Maßen köstlich. Wie Lord Peters Butler Bunter sie zubereitet hat, ist nicht überliefert. Womöglich auf die Art und Weise, wie sie Lord Peter in der Geschichte DER ZANK UM DEN KNOCHEN (1928) im Hause der Frobisher-Pyms genoss: Im Ganzen gegrillt.

Ein ähnlich hartes Los wie Inspector Parker trifft den Ermittler in Alfred Hitchcocks Spätwerk FRENZY (1972), einer rabenschwarzen Kriminalkomödie. Dort ermittelt Chief Inspector Oxford von Scotland Yard in einer Serie grauenvoller Frauenmorde. Der »Krawattenmörder« hält ganz London in Atem – was den Kriminalen nicht daran hindert, sich zu Beginn des Tages erst einmal in aller Ruhe ein üppiges Frühstück einzuverleiben. Spiegelei, Schinken, Blutwurst, Pilze, Tomaten und Pork Sausages. Das ist keinesfalls ein übliches Büro-Frühstück. Die Erklärung liefert Oxford seinem Sergeant Spearman kauend: »Sergeant, meine Frau nimmt offensichtlich an einem Kursus über die französische Feinschmeckerküche teil. Offenbar haben die noch nichts von der Notwendigkeit gehört, dass man in unserem Lande kräftig frühstücken muss, und zwar drei Mal täglich. Ein echtes englisches Frühstück natürlich. Nicht dieses komische Café au lait!«

Beim üppigen Bürofrühstück erholt sich Chief Inspector Oxford von den Kochattacken seiner Frau.

Kleine Seitenbemerkung: Jenen Café au lait begleitet in Frankreich klassischerweise in der Tat nur ein Croissant mit Butter und vielleicht ein Klecks Aprikosenmarmelade. So hält es auch Chief Inspector Oxfords berühmter Kollege aus der Feder des Schriftstellers Georges Simenon: Kommisar Maigret.

»Er aß morgens nie etwas, schwarzer Kaffee genügte ihm. Aber auch das gehörte zum Ritual, eine Idee seiner Frau: An Sonn- und Feiertagen sollte er nach ihrem Willen den halben Vormittag im Bett liegenbleiben, während sie für ihn an der Ecke der Rue Amelot Croissants holte« (Weihnachten bei Maigret, 1951)

Miss Jane Marple, die alte Jungfer aus dem Dörfchen St. Mary Mead, schätzt ebenfalls das Traditionelle:

»Miss Marple bestellte ihr Frühstück. Tee, verlorene Eier, frische Brötchen. So gut war das Mädchen geschult, dass es Maisflocken oder Orangensaft nicht einmal erwähnte.« (Bertram's Hotel, 1965)

Im Roman Das Geheimnis der Goldmine (A Pocketful of Rye, 1953) hat die Hobbydetektivin einen besonders gemeinen Mordfall aufzuklären, der eng mit einem üppigen Frühstück verknüpft ist: Der skrupellose Finanzmakler Rex Fortescue stirbt einen qualvollen Gifttod, als er wie üblich nach dem heimischen Frühstück von seiner Sekretärin Miss Grosvenor einen weiteren Morgentee im Büro serviert bekommt.

Das tückische Gift Taxin, das aus Eibenfrüchten gewonnen wird, ist überaus bitter und wirkt mit deutlicher Zeitverzögerung. Der Verdacht, dass es

dem Opfer mit dem Tee im Büro verabreicht wurde, erhärtet sich nicht. Darin hätte er es sofort schmecken müssen.

Die kluge Miss Marple kommt aber schon bald dem wahren Tathergang auf die Spur, als sich ein weggeworfenes, noch fast volles Glas Orangenmarmelade findet. Ausgerechnet Fortescues Lieblingsmarmelade mit dem köstlich bitteren Beigeschmack, die er schon daheim zum Frühstück aß, wurde ihm zum Verhängnis.

Um abschließend noch einmal auf den wohl berühmtesten Detektiv aller Zeiten zu kommen:

Wer Sherlock Holmes kennt, weiß auch, dass ihm häufig nicht die Muße für ein ausschweifendes Mahl am Morgen bleibt. Oft drängt die Zeit, häufig geht es um Leben und Tod. Und da kann sich die Hauswirtin Mrs Hudson noch so sehr mühen – wenn es heißt »Das Spiel hat begonnen!«, zählt jede Minute!

»Er schnitt eine Scheibe vom Rinderbraten auf der Anrichte ab, legte es zwischen zwei Scheiben Brot, und indem er dieses grobe Mahl in seine Jackentasche stopfte, begab er sich auf seine Expedition.« (Die Beryll-Krone / The Beryl Coronet, 1892)

TEE, DAS GETRÄNK, DAS MUNTER MACHT, ABER NICHT BERAUSCHT

»Was tun Sie am Nachmittag, Griselda?« »Meine Pflicht«, sagte Griselda. »Meine Pflicht als Frau des Vikars. Tee und Skandälchen um halb fünf.«
(Agatha Christie, Mord im Pfarrhaus)

Im Gegensatz zu einer beruhigenden Tasse am Abend kann Schwarzer Tee auch eine anregende Wirkung entfalten. Soll er am Morgen aufmuntern, empfiehlt es sich, ihn nach maximal drei Minuten aus dem Wasser zu nehmen, ansonsten darf er durchaus fünf Minuten ziehen. In den ersten drei Minuten löst sich das Koffein aus den Blättern, erst später folgen dann die bitteren Tannine. Letztere können zwar die stimulierende Wirkung des Koffeins nicht aufheben, aber sie wirken beruhigend auf die Verdauung, was ihn zu später Stunde bekömmlich macht.

Mit Milch, aber ohne Zucker – das ist in England die beliebteste Art, das Getränk zu genießen. Einer Erhebung zufolge pflegen 34 % der Briten ihn so zu trinken, gefolgt von Milch mit zwei oder mehr Würfeln, und schließlich Milch mit nur einem Würfel. Ohne alles und Süßstoff belegen erwartungsgemäß die letzten Ränge. Eine Teetrinkernation, ganz zweifellos, und dennoch trinken 14 % der Briten überhaupt keinen Tee.

Auch Miss Marple schätzt eine Tasse zu jeder Tageszeit, und Tee spielt in den Romanen um die schrullige Ermittlerin eine große Rolle. Allein in Das Geheimnis der Goldmine wird das Wort Tee 113 Mal erwähnt, in 16 Uhr 50 ab Paddington ganze 46 Mal und in Bertrams Hotel immerhin 35 Mal.

Für den Tee-Puristen ist die Verwendung von Beutelware ein Sakrileg. Sicherlich bieten frisch gebrühte, lose Blättchen die edelste Form des Genusses, aber bei ihrer Verwendung ist stets eine Kanne vonnöten, und bei der Häufigkeit, mit der er in England getrunken wird, gewinnt die Bequemlichkeit rasch die Oberhand.

In englischen Fernsehkrimis ist es übrigens gute Sitte, dass in Situationen größter Verzweiflung ein Tee die Wogen glättet. Nach einem Leichenfund, bei einem nervenaufreibenden Verhör, ja selbst bei der Überbringung einer Todesnachricht fällt irgendwann der Satz »Könnten Sie uns wohl eine Tasse Tee machen?«, und die Tränen versiegen erst mal.

BAKED BEANS

ZUTATEN FÜR 1 TOPF:

- **500 g getrocknete, weiße Bohnen oder vorgekochte aus dem Glas**
- **500 ml passierte Tomaten**
- **100 g brauner Zucker**
- **1 EL scharfer Senf**
- **1 Zwiebel, 2 Nelken**
- **1 Lorbeerblatt**
- **Salz, Pfeffer**

Wahlweise:

- **1 Speckschwarte**
- **250 g geräucherte Speckwürfel**

ZUBEREITUNG:

Die getrockneten Bohnen am Vorabend in einen Topf geben und mit Wasser vollständig bedecken. Am nächsten Morgen das Einweichwasser abgießen und die Bohnen mit frischem Wasser auffüllen. Die Bohnen circa 30 Minuten bei schwacher Hitze kochen. Dieser Arbeitsschritt entfällt bei vorgekochter Ware.

In der Zwischenzeit die passierten Tomaten mit dem Senf in einen Topf geben. Die Zwiebel schälen und mit den Nelken spicken. Die Bohnen mit dem Kochwasser in den Topf mit der Tomatenmasse geben und zusammen mit der Zwiebel, dem Lorbeerblatt, der Speckschwarte und den geräucherten Speckwürfeln gute 40 Minuten bei geschlossenem Deckel köcheln lassen. Mit Salz und Pfeffer abschmecken. Den Zucker zugeben und nochmals unter gelegentlichem Rühren köcheln lassen, bis die gewünschte Konsistenz erreicht ist. Die Zwiebel und das Lorbeerblatt entnehmen und servieren.

Die Baked Beans (gebackenen Bohnen) werden ursprünglich im Ofen bei einer Temperatur von 180 Grad Celsius Ober-Unterhitze gebacken.

ORANGEN MARMELADE

ZUTATEN FÜR 6-8 SCHRAUBGLÄSER:

- **1 kg Bitterorangen (Pomeranzen) in Bio-Qualität**
- **1 Bio-Zitrone**
- **1250 g Gelierzucker 1:1**
- **nach Geschmack ein Schuss Gin, Whisky oder Portwein**

ZUBEREITUNG:

Orangen und Zitrone heiß abwaschen und trockentupfen. Die Orangen mit einem Sparschäler dünn schälen und die Schalen fein würfeln oder in feine Streifen schneiden. Die Orangen und Zitrone auspressen und in einen Topf geben. Die Fasern und Kerne ebenfalls zugeben und alles über Nacht ziehen lassen.

Den Saft am nächsten Tag durchsieben und zusammen mit den Orangenwürfeln gut 20 Minuten köcheln lassen, bis die Orangenschalen weich sind.

Den Gelierzucker zugeben und gut unterrühren. Dann die Masse sprudelnd kochen lassen, bis sie anzieht. Nach Geschmack einen guten Schuss Alkohol zugeben. Eine Gelierprobe machen und alles heiß in sterile Schraubgläser füllen.

FRÜHSTÜCKSCURRY WIE BEI SHERLOCK HOLMES

ZUTATEN FÜR 4 PERSONEN:

- 250 g frische oder Dosen-Ananas
- 300 g Hähnchenbrustfilet, in Stücke geschnitten
- 1 dünne Stange Porree
- 2 Schalotten
- 2 Möhren
- 400 ml Gemüsebrühe
- 200 ml Sahne oder Kokosmilch
- 2 TL Curry
- je nach Vorliebe auch eine zerdrückte Knoblauchzehe
- Salz, Pfeffer nach Geschmack
- Fett für die Pfanne
- frische Petersilie oder Koriander

ZUBEREITUNG:

Die Gemüse vorbereiten und in Ringe oder Stückchen schneiden.

Die Hähnchenstücke in einer Pfanne in etwas Öl anbraten. Sie sollten hell bleiben, nur leicht bräunen. Das Fleisch salzen und die vorgeschnittenen Gemüse zugeben.

Alles auf mittlerer Flamme garen und dann mit der Brühe und der Sahne ablöschen. Den Curry und den gepressten Knoblauch unterrühren und nochmals mit Salz und Pfeffer abschmecken.

Wer es gerne süß-säuerlich mag, kann noch etwas Saft von der Dosen-Ananas zugeben.
Mit frischen Kräutern dekorieren und mit etwas Brot oder Reis servieren.

FRÜHSTÜCK
AMERICAN STYLE

*»Amerikaner essen alles, solange es getoastet ist,
von ein paar Zahnstochern zusammengehalten wird
und Salat an den Ecken rausguckt,
vorzugsweise ein bisschen welk.«*

(Raymond Chandler)

SCHWARZ, STARK, STIMULIEREND

»Ich stand um neun auf, trank drei Tassen Kaffee, ließ mir Eiswasser über den Hinterkopf laufen und las die Morgenzeitungen, die gegen meine Appartementtür geworfen worden waren.«
(Fahr zur Hölle Liebling, 1940)

Die berühmtesten Detektive der amerikanischen Literatur sind die sogenannten »Hard-boiled Detectives«. Sie sind so abgebrüht wie die harten Eier, die morgens auf ihrem Speiseplan stehen. Sam Spade ist beispielsweise der klassische »einsame Wolf«, der nur selten in Gesellschaft frühstückt. Meistens wird der Kaffee nur von ein, zwei Zigaretten begleitet. Wenn er aber sein Herz verliert – so wie in Der Malteser Falke (1930) an die rothaarige Brigid – dann kehrt er auch schon einmal geradezu fürsorglich von einer morgendlichen Schnüffel-Tour mit einer Tüte voller Frühstückszutaten heim:

»Auf dem Heimweg machte er bei einem Laden Halt, der gerade von einem verschlafenen, fröstelnden, dicklichen Kaufmann geöffnet wurde, und kaufte Orangen, Eier, Brötchen, Butter und Kaffeesahne.

Spade betrat leise seine Wohnung, aber noch ehe er die Korridortür hinter sich geschlossen hatte, schrie Brigid O'Shaughnessy: ›Wer ist da?‹

›Klein-Spade mit dem Frühstück.‹ «

Mit Frauen wird es für ihn schnell kompliziert: Kann Sam Spade (Humphrey Bogart) Brigid O' Shaughnessy (Mary Astor) trauen?

Auch bei Hammetts anderem berühmten Privatdetektiv, dem Lebemann Nick Charles, geht es, wie bei den meisten amerikanischen Detektiven überhaupt, beim Frühstück hauptsächlich um Kaffee. Viel Kaffee.

»Ich wusch mir Gesicht und Hände mit kaltem Wasser, putzte mir die Zähne, bürstete mir die Haare und ging zurück ins Wohnzimmer.«

»Er kommt rauf«, sagt er zu seiner Frau, der Millionenerbin Nora, die mit ihm in der Mordsache Der dünne Mann (1934) ermittelt, als ein Informant seinen morgendlichen Besuch an-

Sein letztes Buch »Der dünne Mann« verfasste Hammett, nachdem er drei Jahre lang aufgrund seiner Alkoholabhängigkeit keinen Roman mehr geschrieben hatte.

kündigt. »Er hat sein Frühstück schon gehabt, aber du bestellst ihm besser noch einen Kaffee. Ich will Hühnerlebern.«

Gebratene Hühnerlebern oder Hühnerleber in Madeira gehörten ab den 1930ern ebenso zum späten Frühstück der Nachtschwärmer und Müßiggänger wie Omelette und Sauerkrautsaft, der einem wieder auf die Beine half, um möglichst zügig weiterfeiern zu können. In New York wurde der Brunch schon früh als stärkendes Zwittermahl kultiviert.

Spitzenreiter des Kaffeekonsums ist aber zweifellos ein anderer berühmter amerikanischer Noir-Ermittler: Raymond Chandlers Privatdetektiv *Philip Marlowe.* Er trinkt die schwarze, heiße Flüssigkeit gleich kannenweise. Zum Frühstück kommt ein – selbstredend alkoholischer – Drink dazu, zwei hartgekochte Eier, eine Scheibe zerbröselter Toast und noch mehr Kaffee mit einem Schuss Brandy. »Ich ging in die Küche, um Kaffee zu kochen – einen ganzen Meter Kaffee. Dunkel, stark, bitter, brühend heiß, rücksichtslos, lasterhaft. Das Lebensblut müder Männer.« (Der lange Abschied, 1953) In sieben Marlowe-Romanen wird das schwarze Gebräu (»so bitter wie die Sünde«) an nicht weniger als 153 Stellen im Text erwähnt.

»An einem verschneiten Januarmorgen letzte Woche, an einem Tag, an dem es schön ist, aus dem Fenster zu schauen, kaute ich, am Frühstückstisch in der Küche sitzend, langsam an meinem dritten Bissen Scrapple, schluckte und wandte mich an Fritz.« (Das grosse Fragezeichen / The Mother Hunt, 1965) Archie Goodwin, der Mitarbeiter des gleichwohl genialen wie gewichtigen New Yorker Privatdetektivs *Nero Wolfe,* kommt immer wieder in den Genuss der köstlichen Speisen, die Wolfes Leibkoch, der Schweizer Fritz Brenner tagtäglich serviert. Der Name Scrapple leitet sich von dem Begriff *scrap* = Fetzen ab. Die ursprünglich unter Verwendung von Schlachtresten und Wurstbrühe zubereitete Speise wurde von deutschen Einwanderern des 17. und 18. Jahrhunderts über den Großen Teich gebracht und ist ein direkter Nachfahre des deutschen Panhas. Heute ist Scrapple eine Fleischspezialität in den USA, vor allen Dingen im Staat Pennsylvania und in einigen Regionen von New England.

38 S.&W. SPECIAL CTG
MADE IN U.S.A.
MARCAS REGISTRADAS
SMITH & WESSON
SPRINGFIELD MASS.

OLD
GRAND-DAD
THE UNITED STATES OF AMERICA
map
of
Los Angele
LOS ANGELES
SAN FRANCISCO
SANTA BARBARA
FRESNO
HOLLYWOO
BEVERLY HILLS
PASADENA
SAN DIEGO

GEBRATENE HÜHNERLEBERN

ZUTATEN FÜR 2 PERSONEN:

- **350 g Hühnerlebern**
- **2 große Zwiebeln**
- **1 säuerlicher Apfel (z.B. Elstar, Renette oder Boskoop)**
- **Pfeffer, Salz**
- **Öl für die Pfanne**

ZUBEREITUNG:
Die Hühnerlebern trocken tupfen und je nach Größe durchschneiden. In einer großen Pfanne die Lebern in etwas heißem Öl anbraten, bis sie etwas Farbe bekommen. Aus der Pfanne nehmen.

Nun die in Ringe geschnittenen Zwiebeln in die Pfanne geben und braten lassen, bis sie bräunen.
Die Hühnerlebern und den in Scheiben geschnittenen Apfel dazugeben.

Alles unter geschlossenem Deckel zu Ende garen.

SCRAPPLE

ZUTATEN FÜR 1 KASTENFORM:

- **1 Liter Rinderbrühe**
- **65 g Speck**
- **2 Zwiebeln**
- **350 g frische Blut- und Leberwurst (Kochwürste)**
- **Salz, Pfeffer**
- **350 g Buchweizenmehl**
- **1 TL gemahlene Nelken**
- **1 TL Piment**
- **Majoran oder Oregano nach Geschmack**
- **Fett zum Anbraten und zum Einpinseln der Kastenform**
- **Rübenkraut**

ZUBEREITUNG:
Die Zwiebeln schälen und fein würfeln. Zusammen mit dem Speck in einer Pfanne anbraten. In der Zwischenzeit die Rinderbrühe erhitzen. Die Blut- und Leberwürste einritzen, aus der Haut drücken und zusammen mit der angebratenen Zwiebel und dem Speck in die Rinderbrühe geben. Die Masse aufkochen lassen. Nun mit Pfeffer und Salz würzen, Das Buchweizenmehl unter ständigem Rühren einlaufen lassen. Die Masse gute 10 Minuten köcheln, bis sie quillt und anzieht. Mit den übrigen Gewürzen abschmecken und die Masse ausquellen lassen. Eine gefettete Kastenform bereitstellen und die Masse einfüllen und erkalten lassen.

Am nächsten Tag den Fleischkuchen in Scheiben schneiden und diese in der Pfanne von beiden Seiten knusprig braten.Mit Rübenkaut reichen und nach Geschmack auch einem grünen Salat dazu servieren.

MEUCHELEI AM MITTAG

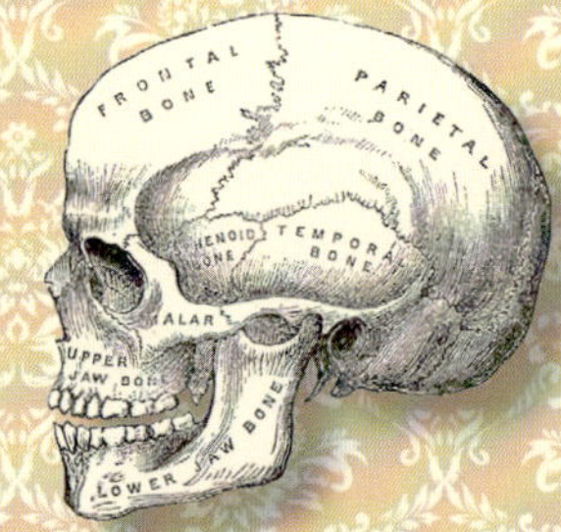

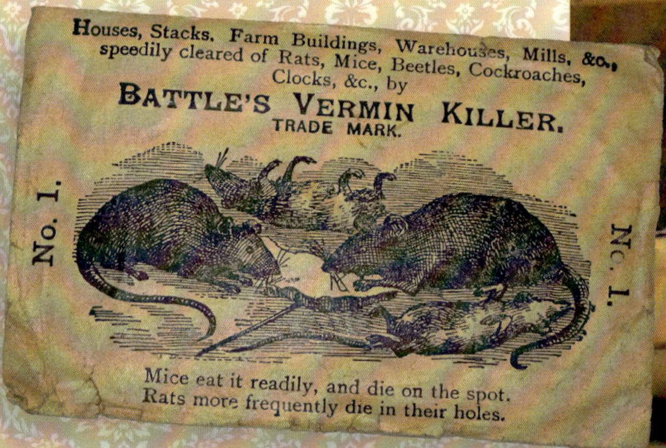

VORSPEISE

»Verfüttere den Salat an das Karnickel und iss das Karnickel.«

(Dashiell Hammett)

BUNTE BLÜTEN, FEINE SPEISEN, MIESE MORDE

Sie starrte mich an. »Er verbrennt ein Wörterbuch?«
»Richtig, aber das ist noch gar nichts.
Einmal hat er ein Kochbuch verbrannt, weil es hieß,
man solle die Haut von einem Schinkenende entfernen, bevor
man es in den Topf zu den Limabohnen legt.
Man weiß nie genau,
was er mehr liebt, Essen oder Worte.«
(Gambit, 1962)

Wenn Nero Wolfe es irgendwie vermeiden kann, seine 140 Kilo aus dem geräumigen alten Backsteinbau in der 35 Straße in New York zu bewegen, tut er das. Warum sollte der berühmte Privatdetektiv sich auch der Mühe eines Ausflugs in die nähere – oder gar weitere – Umgebung unterziehen! Durch seine exorbitant hohen Honorare kann er sich genügend Personal leisten, das sämtliche Besorgungen und Ermittlungen für ihn erledigt. Allen voran sein Sekretär Archie Goodwin, der im wahrsten Sinne des Wortes die Laufarbeit für ihn erledigt. Wenn nötig mit Schlagkraft und Schießeisen.

Die Mordfälle, auf die sich Wolfe spezialisiert hat, löst er beinahe ausnahmslos an seinem heimischen Schreibtisch, in einem großen Bürosessel sitzend – einer Spezialanfertigung für einen Mann mit seinen gewaltigen Maßen – und die Dinge auswertend, die Archie für ihn zusammengetragen hat.

Seine weiteren großen Leidenschaften sind die Literatur, Bier (*»Renner's«* aus Bremen), seine 10.000 Orchideen und gutes Essen. Die kostbaren Pflanzen befinden sich in den Gewächshäusern auf dem Dach des Gebäudes, wobei er sich täglich vier Stunden genussvoll an seinen Züchtungen ergötzt, wohingegen sein alter Gärtner Theodore Horstmann für die Pflege der edlen Gewächse zuständig ist und dafür täglich die dreifache Zeit aufbringen muss.

Zur Befriedigung seiner kulinarischen Vorlieben leistet sich Nero Wolfe sogar einen eigenen Koch: Fritz Brenner ist ein Schweizer, der den Detektiv täglich mit exquisiten Mahlzeiten versorgt. Die nicht ganz unbeschwerte Beziehung zwischen dem Gourmet und seinem Maître beschreibt die Szene, die Archie Goodwin in Es klingelte an der Tür (The Doorbell rang, 1965) beobachtet: »Um zehn nach neun am Abend dieses langen Tages ging ich in die Küche. Wolfe saß mit Fritz an dem Tisch in der Mitte und stritt

darüber, wie viele Wacholderbeeren in die Marinade einer Rehkeule gehören. Wissend, dass dies noch endlos so weitergehen konnte, sagte ich: ›Verzeihung, es sind alle da.‹«

Fritz Brenners private Wohnung im Hause Wolfe ist ein Abbild seiner kulinarischen Passion: »Seine Höhle ist so groß wie das Büro und die Eingangshalle zusammen, aber im Laufe der Jahre war sie ziemlich vollgestopft worden – Tische mit Stapeln von Magazinen, Büsten von Escoffier und Brillat-Savarin, gerahmte Menükarten an den Wänden, ein großes Bett, fünf Stühle, Regale voller Bücher (er hat 289 Kochbücher), der Kopf eines Wildschweinebers, den er in den Vogesen geschossen hatte, ein Fernseher und eine Stereoanlage, zwei große Kisten mit antiken Kochkesseln, eine von dem er denkt, dass er Julius Caesars Chefkoch gehörte, und so weiter.« (Es klingelte an der Tür)

Ein dicker Bauch, ein grimmiges Gesicht – Nero Wolfe hat die Illustratoren zahlreicher Magazine inspiriert.

In den 33 Romanen aus der Feder des amerikanischen Autors Rex Stout (nach seinem Ableben verfasste der Autor Robert Goldsborough weitere 15 Romane) und in den etwa 40 Kurzgeschichten geht es sehr häufig ums Essen. Kein Wunder, denn Stout selbst war bekanntermaßen besessen von der Auswahl und Besorgung der Zutaten und vom Zubereiten köstlicher Speisen, wobei er aber auch einer heimlichen Leidenschaft für den schnöden Hot Dog frönte.

Im Jahr 1960 erschienenen Roman Gift à la carte (Poison à la carte) findet sich eine Gruppe von Gourmets, die sich selbst »Zehn für die Aristologie« nennt, zu ihrem jährlichen Festschmaus zusammen. Unter Aristologie verstehen sie »die Kunst des Speisens«, abgeleitet von dem alten griechischen Begriff Ariston.

Zu diesem Zweck leihen sie sich Wolfes Meisterkoch Fritz Brenner aus. Die Zutaten für dieses Menü, bei dem die Gourmets (plus Wolfe und Archie Goodwin) »bei Speisen und Getränken ein Ideal der Vollkommenheit anstreben«, sind durch-

aus vielversprechend. Dank Brenners Kochkunst muss das Essen ganz einfach ein Erfolg werden. Aber es kommt im Kriminalroman natürlich immer anders: Vincent Pyle, der Mann, der am Tisch zwischen den beiden Detektiven sitzt, überlebt das Essen nicht. Beim ersten Gang – Blinis mit Sour Cream – beschwert er sich noch über angeblichen Sand in der Crème, und als wenig später der Fisch serviert wird, entschuldigt er sich und verschwindet. Nach einer Weile wird er tot aufgefunden. Seine Vorspeise, so findet Nero Wolfe rasch heraus, ist mit Arsen versetzt worden.

Der Mann hat tragischerweise nicht nur sein Leben gelassen, sondern dazu auch noch ein exquisites Menü verpasst: Meeresschildkrötensuppe, in Weißwein pochierte Flunder, Miesmuscheln in Pilzsauce, gegrillter Fasan, Milchferkel, Kastanienkroketten, Salat mit Devil's Rain Dressing und Käse.

KLAR GIBT'S BIER AUF HAWAII!

Der am 8. August 1944 in Virginia geborene Thomas Sullivan Magnum IV lebt auf O'ahu (Hawaii), genauer auf dem Anwesen des berühmten Schriftstellers Robin Masters. Der von Tom Selleck gespielte Magnum war Marine-Offizier und arbeitet jetzt als Privatdetektiv – wofür das »P.I.« nach seinem Namen im Originaltitel der Serie steht: Magnum, P.I. (Private Investigator). Bei Masters ist er als Sicherheitschef angestellt, wofür er freie Unterkunft erhält und den roten Ferrari seines Bosses fahren darf.

Man würde erwarten, dass Magnum tropische Cocktails bevorzugt. Papaya, Ananas, Guave, Mangos, Banane, Litschi ... alles wächst hier, aber er trinkt lieber Bodenständigeres: Bier. Trotz Paul Kuhns bekanntem Schlager gibt es das auf Hawaii.

Zumeist dünnes amerikanisches, aber auch importierte Sorten. Am häufigsten greift Magnum zu »Coors«, einem US-amerikanischen Gerstensaft aus einer der größten Braugruppen der Welt. Es wurde Tom Selleck sogar bei einem privaten Besuch bei Ronald Reagan, damals Präsident der USA, serviert.

Magnums Lieblingsbier entstammt allerdings einer ganz anderen Brautradition, und zwar einer deutschen. Es ist »Old Dusseldorf Beer«. Die Marke ist fiktiv, angeblich wird sie in den USA gebraut. Man kann Magnum nur wünschen, dass sie wie das frisch gezapfte »Uerige« schmeckt, das legendärste unter den bernsteinfarbenen, obergärigen Bieren aus Düsseldorf.

BLINIS
MIT SOUR CREAM

ZUTATEN FÜR CA. 30 STÜCK:

- **150 g Buchweizenmehl**
- **100 g Weizenmehl**
- **20 g Hefe**
- **350 ml lauwarme Milch**
- **1 TL Zucker**
- **50 geschmolzene Butter**
- **2 Eier**
- **1 Prise Salz**
- **Fett zum Ausbacken**

ZUBEREITUNG:
Das Mehl in eine Schüssel geben und in der Mitte eine Mulde formen. Die Hefe mit dem Zucker und etwas lauwarmer Milch anrühren. Sukzessive die restliche Milch zugeben und den Teig gut verrühren. Nach einer Ruhezeit von gut einer halben Stunde die geschmolzene Butter, die Eier und die Prise Salz unterarbeiten. Den Teig nun für zwei bis drei Stunden gehen lassen.

Die Küchlein in einer heißen gefetteten Pfanne (circa 30 Zentimeter Durchmesser) bei mittlerer Hitze nacheinander von beiden Seiten goldbraun ausbacken. Hierfür mit einer kleinen Kelle jeweils drei Teigkleckse in die Pfanne setzen. Die Blinis sollten in etwa einen Durchmesser von 10 Zentimetern haben.

Mit Sour Cream und gegebenenfalls ein wenig Kaviar servieren.

GUT ZU WISSEN:
Die Blinis schmecken im Übrigen warm und kalt. Auch Aufwärmen in der Pfanne oder im Backofen ist möglich. Wer Lust hat, kann die Blinis auch vorbereiten und einfrieren. So kann man immer »portionsweise« kriminell gut genießen.

»O heiliger Lukullus! Türschlösser sollte man behandeln mit diesem Öl, aber nicht Salat!«
(Johannes Mario Simmel, »Es muss nicht immer Kaviar sein«)

DER KOCHENDE AGENT

Thomas Lieven ist ein Teufelskerl. Gutaussehend, intelligent, perfekte Manieren. Er spricht fließend englisch und französisch und fühlt sich als deutscher Bankier im London der zu Ende gehenden Dreißiger rundum wohl. Doch auf einer Reise nach Deutschland tappt er in die Falle, die ihm sein betrügerischer Kompagnon gestellt hat und wird von der Gestapo verhaftet.

Zum Schein heuert er bei der Abwehr an und führt fortan ein aufregendes Leben als Doppel- und gar Dreifachagent. England, Frankreich, Spanien, Portugal, Italien, Schweiz ... Er wechselt von einem europäischen Geheimdienst zum nächsten. Bei diesem turbulenten Dasein verwundert es, dass er noch Zeit für seine großen Leidenschaften findet: schöne Frauen und Kochen. Jedes Land empfängt ihn mit den aufregendsten weiblichen Geschöpfen, und er verführt sie alle mithilfe seiner Kochkünste.

Sex, Crime und Essen – Simmel rührte die Zutaten zusammen, nach denen sein Lesepublikum lechzte.

Der Roman Es muss nicht immer Kaviar sein ist angereichert mit Rezepten, die heute reichlich antiquiert wirken: Kaviar im Schlafrock, Wurst-Nester, Verzaubertes Corned Beef und Warme Lachsbrötchen klingen eher nach der Zeit, in der der Roman entstand, als nach der, in der er spielt. Doch man kann die Rezepte ausprobieren, und einige von ihnen eignen sich durchaus als amüsanter Menügang.

»Sie waren so gut erzogen, dass sie versuchten, die Vorspeise – gefüllter Staudensellerie – mit Messer und Gabel zu nehmen, was ihnen große Schwierigkeiten bereitete.

›Im Gegensatz zu den meisten anderen Gelegenheiten‹, sprach Thomas, ›ist es durchaus legitim, ja richtig, diese Stangen in die Hand zu nehmen.‹ «

Zum ersten Mal wurde der Roman 1961 mit O. W. Fischer in der Hauptrolle verfilmt, und nach dem großen Erfolg wurde noch im selben Jahr mit Diesmal muss es Kaviar sein nachgelegt. 1977 zeigte das ZDF eine 13-teilige Fernsehserie mit Siegfried Rauch.

Der österreichische Schriftsteller Johannes Mario Simmel verfasste Unterhaltungsromane am Fließband, die allesamt in Reih und Glied mit grellbunt beschrifteten breiten Rücken in den deutschen Wohnzimmerschrankwänden zu finden waren.

GEFÜLLTER STAUDENSELLERIE

ZUTATEN FÜR 4-6 PERSONEN:

- **1 Bund Staudensellerie**
- **125 g Roquefort**
- **125 g Butter (zimmerwarm)**

Für die Dekoration:
- **Petersilie und Cocktailtomaten**

ZUBEREITUNG:
Die Stangen des Staudensellerie von der Knolle lösen und unter kaltem Wasser abspülen und trockentupfen. Den Roquefort mit der Butter verrühren und mit einer Gabel oder einem Spritzbeutel auf den Stangen verteilen.

Große dicke Stangen als Schiffchen servieren. Hierfür die Stangen auf gleich große Stücke (etwa 3-4 cm) schneiden. Mit etwas gehackter Petersilie und einigen Cocktailtomaten garnieren.

Schmale kurze Stangen können auch im Ganzen in einem Glas mit Eiswürfeln stehend serviert werden.

*»Als er nach Marinella zurückkam,
fand er auf dem Küchentisch
einen Zettel von Adelina, seiner
Haushälterin. ›Verzeien Sie, bin so frei,
aber morgen Abend ist Silvester
und meine beiden Söhne
sind grad nicht im Gefengnis,
und ich mach Arancini,
die esen Sie doch so gern.‹«
(Die Nacht des einsamen Träumers /
Gli Arancini di Montalbano, 1989)*

DER BULLE UND DIE ESSKULTUR

Salvo Montalbano ist ein Kommissar, ein *sbirro nato* (geborener Bulle), und er ermittelt in der fiktiven sizilianischen Stadt Vigàta. Er liebt seine Heimat und verreist nur höchst ungern. Seinen Mitmenschen gegenüber zeigt er sich oft als zynisch, launisch, ja manchmal sogar richtig gemein, und mit der Wahrheit nimmt er es nicht immer so genau. Darunter leiden vor allen Dingen seine Verlobte Livia, die in Genua lebt, und seine Kollegen bei der Polizei. Er hegt eine tiefe Leidenschaft für die Literatur, aber mehr noch für die Küche seiner Heimat. Oft sinnt er über ihre kulturelle und emotionale Bedeutung nach. Seine Haushälterin Adelina sorgt stets dafür, dass in seinem Kühlschrank ein paar kulinarische Freuden auf ihn warten. Auch der Wirt der *Trattoria San Calogero* ist einer der Priester seines Ritus', dem Montalbano mit Hingabe, ohne Ablenkungen folgt, zutiefst davon überzeugt, dass die Weisheit und die Liebe eines Volkes in seiner Esskultur zum Ausdruck kommt. Montalbano isst stets schweigend!

Montalbanos Film-Büro kann man heute im Rathaus der Stadt Scicli besichtigen.

Man muss kein Gourmet sein, um die Krimis des sizilianischen Autors Andrea Camilleri zu mögen. Doch wer die Bücher liest, wird schon bald eine Liebe zu der urwüchsigen mediterranen Küche entwickeln. Eines von Montalbanos Lieblingsgerichten ist der Arancino. Durch die Größe und Farbe, die sehr an kleine Orangen erinnert, erhielt das Gericht seinen Namen. Die gefüllten Reisbällchen sind aus dem arabischen Raum importiert worden, wo man gerne mit Safran, Kräutern und Fleisch gewürzten Reis isst. Die Erfindung der Panade geht bekanntermaßen auf den Hof Friedrichs II. zurück, an dem man nach einer Möglichkeit suchte, Gerichte auf Reisen und auf die Jagd mitzunehmen.

Arancini sind eines der Lieblingsgerichte des Commissario, und Adelina bereitet diese Köstlichkeit natürlich zu wie keine Zweite.

In der Erzählung MONTALBANOS ARANCINI geht es auf den Silvesterabend zu, und sie lädt Montalbano zu sich ein. Sie bereitet Arancini vor – das kann er natürlich nicht abschlagen. »Adelina brauchte zwei volle Tage, sie zuzubereiten. Das Rezept wusste sie auswendig.« Es folgt eine genaue Beschreibung der Zubereitung dieser Köstlichkeit.

Aber es sieht schlecht aus für das gemeinsame Essen, denn bei einem Einbruch in einen Supermarkt ist der Geldbeutel einer ihrer Söhne zurückgelassen worden. Und wie wird das wohl aussehen, wenn die Kollegen von der Zielfahndung den Commissario in der Wohnung der Mutter des Gesuchten antreffen?

Adelina hat Arancini zubereitet. Salvo Montalbanos Lieblingsspeise. Doch nach Feiern ist an diesem Silvesterabend niemand zumute.

Aber Montalbano löst den Fall auf gewohnt unkonventionelle Weise, und am Ende sieht er schließlich doch noch einem ruhigen Jahreswechsel entgegen: »Und er könnte die Arancini genießen, nicht nur weil sie eine himmlische Köstlichkeit waren, sondern auch weil er sich mit seinem Gewissen als Polizist völlig im Reinen fühlen würde.«

Seine Schöpfung, Salvo Montalbano, der in der 28-bändigen Reihe ermittelt, ist nach dem spanischen Schriftsteller Manuel Vázquez Montalbán benannt, und machte Andrea Camilleri (1925 - 2019) international bekannt. Die Reihe wurde in 30 Sprachen übersetzt und für das italienische Fernsehen RAI I verfilmt. Insgesamt verfasste Camilleri mehr als 100 Bücher und galt als eine kritische Stimme in der italienischen Gegenwartsliteratur.

Der Commissario und sein Schöpfer: Schauspieler Luca Zingaretti und Andrea Camilleri.

ZUTATEN FÜR 8 BÄLLCHEN:

Für die Fleischeinlage:

- je ein kleines Bratenstück Schweinefleisch und Kalbfleisch
- 2 Zwiebeln
- 2 Tomaten
- ¼ Sellerieknolle
- einige Stängel Petersilie und Basilikum

Für den Reis:

- 300 g Risottoreis
- 750 ml Fleischbrühe
- 1 Zwiebel
- 4 EL Tomatenmark
- 100 ml Weißwein
- 50 g kalte Butter
- 50 g Parmesan
- Salz
- 2 Eier

Für die Bechamel:

- 20 g Butter
- 20 g Weizenmehl
- 250 ml Milch
- Salz, Pfeffer, geriebene Muskatnuss
- 100 g Salami
- 100 g frische oder Tiefkühl-Erbsen

Für die Bällchen:

- 1 Eiweiß
- 100 g Mehl
- 100 g Paniermehl
- Olivenöl zum Anbraten und Frittieren

ARANCINI ALL'ADELINA

ZUBEREITUNG:

Am Vorabend die Fleischstücke in etwas Öl anbraten und mit dem zerkleinerten Gemüse über einige Stunden schmoren lassen. Dabei gelegentlich ein wenig Wasser angießen. Das Fleisch abkühlen lassen.

Am nächsten Tag die gehackte Zwiebel mit dem Reis in etwas Olivenöl glasig dünsten, mit der Fleischbrühe und dem Weißwein ablöschen. Den Reis bei schwacher Hitze fertiggaren. Die Butter und den geriebenen Parmesan zum trockenen Reis geben. Die Eier unterrühren und den Reismasse abkühlen lassen. Von den Fleischstücken jeweils 100 g abschneiden und mit einem Wiegemesser zerkleinern.

Die Erbsen kochen und währenddessen aus den angegebenen Zutaten eine Bechamel-Sauce bereiten. Die Erbsen abseihen und in die Bechamel-Sauce geben, die Salami in Stücke schneiden und mit den Fleischstücken ebenfalls zugeben.

Den Reis mit etwas Bratensaft vom Vortag vermischen und in acht Portionen teilen. Für jede Portion einen Teil Reis auf die Hand nehmen, mit der Fleisch-Erbsenfarce füllen und mit weiterem Reis verschließen und zu einer spitz zulaufenden Kugel formen. Diese zunächst in Mehl wenden, dann durch Eiweiß ziehen und in Paniermehl wälzen.

In einer hohen Pfanne mit ausreichend Fett die Bällchen circa 4 Minuten frittieren, bis sie ringsum goldbraun sind. Die Arancini mit einem Salat servieren.

TIPP:

Die Arancini können auch kalt im Rahmen eines Antipasti-Buffets gereicht werden.

GUT ZU WISSEN:

Die spitze Form ist für die Arancini, deren Name (kleine Orangen) von der Farbe der Panade herrührt, in Sizilien typisch.
Im Rest von Italien sind sie rund.

SUPPE

*»Yeah. Ich bin die Fliege in der Suppe.
Gefällt mir auch nicht besser als dir.
Fliegen mögen es nicht, in der Suppe zu schwimmen,
besonders wenn sie heiß ist.«*

(Rex Stout)

BIS DEN ZEUGEN DAS WASSER IM MUND ZUSAMMENLÄUFT

»So«, sagte der Kommissar leise und wandte sich an die Rehbein. »Er hat sicher Hunger, Durst. Geh mal mit ihm in die Kantine.« Die Rehbein starrte den Kommissar an. Auch Harry, Grabert und Heines blickten ihn an, als hätten sie nicht recht gehört. »Na los, Rehbein«, sagte der Kommissar ungeduldig. »Mit einem Mörder in die Kantine?«, fragte die Rehbein perplex. (Herbert Reinecker »Der Kommissar – Keiner hörte den Schuss«)

Es geht ganz schön kumpelig zu im Münchner Polizeirevier. Herbert Keller, der Titelheld der deutschen ZDF-Serie Der Kommissar **(1969 -1976)** ist ein ruhiger Vertreter, ein besonnener Kopfmensch, der von Drehbuchautor Herbert Reinecker unverkennbar an Simenons Maigret angelehnt ist. Er gibt sich oft geradezu väterlich – nicht nur seinen Jungs vom Revier gegenüber, auch bei so manchem Täter zeigt er sich oft wohlwollend und verständnisvoll. »Männer vertrauen mir an: Gestern hat das Essen zuhause so komisch geschmeckt, meine Frau will mich vergiften. Machen Sie mal was!«, so sagte der Schauspieler Erik Ode einmal im Interview. Er ist ein solider Charakter, dem die Fernseh-Nation vertraut.

Zu seiner Verhörtaktik gehört immer wieder ein kräftigender Happen und ein Schlückchen, das die Zunge löst. »Schon bei dem Wort Entenbraten läuft mir das Wasser im Mund zusammen«, schwärmt der Tippelbruder Pock (Klaus Schwarzkopf) in der Folge Tod eines Landstreichers, und danach bekommt die dreiköpfige Truppe von Obdachlosen, die aus taktischen Gründen ihre wichtigen Beobachtungen zu den Tatvorgängen im Wirtshaus verschweigt, erst einmal ein sättigendes Mahl, bestehend aus knuspriger Ente, Knödeln und Kraut.

Die Kantine im Polizeipräsidium Ettstraße. Hier essen ganz legal sowohl echte als auch falsche Polizisten.

In der Folge Der Tod des Apothekers gibt es eine komplette Lagebesprechung in der Kantine des Polizeipräsidiums. Der Kommissar und die drei Assistenten sind mit Tabletts bewaffnet und sammeln sich ihr Mittagsmenü aus den Klappfächern zusammen. Palavernd suchen sie sich einen Tisch, schlürfen klare Suppe und überlegen ganze fünf Filmminuten lang, welche Strategie man bei dem aktuellen Entführungsfall entwickeln soll.

Die Kantine im Fernsehen ist die Kantine in der Realität. Oft sind es spontane Drehs, so weiß der damalige Aufnahmeleiter Gustl Gotzler zu berichten. Wenn ein Außendreh vor dem Polizeigebäude in der Ettstraße ansteht, und die Kantine ist gerade nicht belebt, dann wird rasch drinnen gearbeitet. Die Szenen bekommen dadurch ein hohes Maß an Authentizität. Auch die späteren Serien Derrick

Derrick hat es nicht so mit dem Essen.
Bei ihm darf es auch schon mal
ein Brötchen mit Maggi sein.
Wenn das Schwester Meysel wüsste …

und Der Alte spielen in München, und da wirkt hinter der Kamera dieselbe Produktionsgesellschaft, es ist derselbe Drehbuchautor, und es ist dieselbe Kantine. Die letzten Jahre dieser Zeit hat der Koch Bernd Malkus als Kantinenchef noch miterlebt. Die Speisekarte ist hier selbstredend bayrisch-deftig: Topfennocken, Milzwurst, Quarkauflauf, Schweinerückensteak und Leberknödelsuppe. Chefkoch Malkus erinnert sich an die legendären Schnitzel-Freitage und an schier unglaubliche Mengen von handgedrechseltem Kartoffelsalat.

Bei der Nachfolgeserie **Derrick (1974 - 1998)** ging es meist ruppiger zu. Speisentechnisch wurde hier nicht mehr viel geboten. Wenn bei Kommissar Keller Wiener Würstchen die Zeugen milde stimmten, bohrte hier jetzt auch schon mal ein renitenter Verdächtiger den Amts-Kugelschreiber in den leckeren Leberkäse, den man ihm aus der Kantine holen ließ. In der Folge **Toter Goldfisch (1985)** schockiert Oberinspektor Stefan Derrick (Horst Tappert) jedoch die Zuschauer vollends, als er sich beim Gespräch am Kantinentisch ein trockenes Brötchen greift, es halbiert und dann genüsslich mit Maggi beträufelt und verspeist. Spätestens hier weiß man, dass von diesem Ermittler in kulinarischer Hinsicht nichts zu erwarten ist.

In Sachen **Der Kommissar** wäre noch anzumerken, dass der nahezu ununterbrochene Konsum von Alkoholika fast noch bemerkenswerter ist als das allgegenwärtige deftige Essen. Da steht immer eine ausreichend gefüllte Kognakflasche im Büro parat, da wird der Rotwein in der Kantine aus randvoll gefüllten Gläsern geschlürft, das Bier zum Mittagessen aus großen Humpen … All das gönnen sich Kommissar Keller und seine drei Assistenten Walter Grabert, Robert Heines und Harry Klein (den ab Folge 71 sein Bruder Erwin Klein ersetzt) buchstäblich zu allen Tages- und Nachtzeiten, stets umwabert vom Dunst der dauerglimmenden Zigaretten. Es gibt im Wirtshaus Cocktails, Whisky und Weinbrand für die Zeugen und Verdächtigen, und man mag sich am Ende von so mancher Serienfolge die aufgelaufenen Spesen vorstellen. Selbst der emsigen und pflichtbewussten Sekretärin Rehbein, die in erster Linie dafür zu sorgen hat, dass allzeit starker Kaffee als Gegenmittel bereitsteht, entfährt irgendwann: »Ich weiß nicht, wie es euch geht, ich brauche jetzt erst mal einen Schnaps!«

Fragende Gesichter – Was gibt es heute in der Kantine, Chef?

LEBERKNÖDEL SUPPE

ZUTATEN FÜR 4 PERSONEN:

- 1,5 Liter Rinderbrühe

Für die Leberknödel:
- 1 kleine Zwiebel
- 1 Bund frische Petersilie
- 5 altbackene Brötchen
- 40 g Butter
- 200 ml lauwarme Milch
- Leberhack vom Rind
- 2 Eier
- etwas Zitronenabrieb
- Salz
- Pfeffer
- Majoran
- Muskat
- ein kleiner Bund Schnittlauch oder alternativ Gemüsezwiebeln (in Röllchen geschnitten)
- Semmelbrösel

ZUBEREITUNG:

Die Zwiebel schälen und fein hacken. Die Petersilie ebenfalls fein hacken. Die Butter erhitzen, die Zwiebel und die Petersilie zugeben. Andünsten und beiseite stellen.

Die Brötchen in kleine Stücke schneiden, in eine Schüssel geben und mit der Milch übergießen. Kurz durchwirken und das Leberhack zugeben. Eier und Gewürze ebenfalls zugeben und mit der Hand gut verkneten. Sollte der Teig zu flüssig sein, noch etwas Semmelbrösel zugeben.

Die Masse eine halbe Stunde durchziehen lassen und dann mit feuchten Händen Knödel von 3-4 cm Durchmesser formen.

Die Rinderbrühe erhitzen und die Knödel darin eine gute viertel Stunde garziehen lassen.
Mit Schnittlauchröllchen bestreuen und servieren.

Schriftenreihe
des Bundeskriminalamtes Wiesbaden
Bild des Zuhälters in der Ge
Kantine des Polizeiprä
München
Pächter: Bernd W. Malkus
Ettstraße 2 (Eingang Löwengrube) Tel. Querverb. Amtsanschl.
Öffnungszeiten: Mo-Fr 07.30-14.45/Nachts tägl. 21.0
SPEISENKARTE
51. Woche vom 20.12.
Salat
R+S
R
R+S
R+S
Polizeidienstausweis
Nr. 97
Herbert Keller
(Vor- und Zuname)
6.11.1910 in Berlin

»Zehn Leute zum Dinner ... und ich
serviere ihnen heißes Nichts.
Man kriegt heutzutage kein gutes
Personal mehr. Sie sind gefeuert!
Haben Sie mich verstanden? Gefeuert!
Ich will, dass Sie gehen, haben Sie mich
gehört? Raus!
Und bleiben Sie draußen!«
(Eine Leiche zum Dessert /
Murder by Death, 1976)

Nichts wird so heiss gegessen wie es gekocht wird

Der bedauernswerte blinde Butler Bensonmum verliert eigentlich nicht so schnell die Contenance, doch was zu viel ist ist zu viel. Nicht genug damit, dass er die berühmtesten Detektive der Welt zu Gast im Haus hat, nein, zu allem Übel hat ihm die Arbeitsvermittlung eine taubstumme Köchin geschickt. Die dazu auch noch kein Englisch versteht. Yetta heißt sie und setzt sich mehr oder weniger ratlos an den Küchentisch und beobachtet reichlich unbeteiligt den Butler, der ihr Instruktionen erteilt, die sie nicht hören kann.

»Man riecht ja gar nichts«, sagt er irgendwann, nicht ahnend, dass noch keine der Konservendosen geöffnet wurde und keine Suppe im Topf köchelt. »Sie würzen sicher sparsam. Das ist gut.«

Mit nach oben gerollten Augäpfeln tastet sich der unvergleichliche Schauspieler Alec Guinness durch den herrlichen Film-Klamauk und treibt den Zuschauern die Lachtränen in die Augen.

Ein blinder Butler und eine taubstumme Köchin – auf diese Idee muss ein Drehbuchautor erst einmal kommen. Kein Geringerer als einer der größten Komödienschreiber aller Zeiten hat sich in diesem Kultfilm alle klassischen Whodunits zur Brust genommen: Neil Simon. Kein Klischee, kein gängiges Indiz, kein klassischer Plot, den er hier nicht genüsslich umkrempelt und bis ins Groteske verzerrt. Regisseur Robert Moore setzt das im Gothischen Ambiente meisterhaft in Szene.

Der Millionär Lionel Twain, dargestellt von dem amerikanischen Autor Truman Capote (unbelastet von jeglichem schauspielerischem Talent) lädt die berühmten Detektive zu einem »Dinner mit anschließendem Mord« ein. Sein Ziel scheint es zu sein, die ganze versnobte Bande endlich öffentlich bloßzustellen, indem er ihnen einen Mord serviert, den sie nicht aufzuklären imstande sein werden. Dass Punkt Mitternacht ausgerechnet er selbst das Opfer ist – wer weiß schon, ob er das auch geplant hat?

Ja, wer weiß überhaupt etwas in dieser überdrehten Farce? Es gibt sprechende Elchgeweihe und kreischende Türglocken, künstliches Gewitter und sich herabsenkende Zimmerdecken. Und es gibt einen weiteren Mord: Der blinde Butler segnet nämlich auch noch das Zeitliche. Gefunden wird er irgendwann mausetot am Küchentisch sitzend. Als man ihn später erneut aufsucht, sitzt er immer noch am selben Fleck, doch diesmal ist er splitternackt. Und als die restlos verwirrten Detektive ihn schließlich ein drittes Mal begutachten wollen, finden Sie nur noch seine Kleidung auf dem Stuhl sitzend vor.

Die Figur des Sidney Wang – dargestellt von Peter Sellers – ist zweifellos eine Hommage an Charlie Chan. Maggie Smith und Daid Niven als Dick und Dora Charleston sind nur unschwer als Nick und Nora Charles aus der DÜNNEN MANN-Serie zu erkennen.

Immer Probleme mit dem Personal: Die Köchin ist taubstumm, und der Butler ist blind.

Ein Mord – schön und gut. Aber wo im Himmels Willen bleibt die Suppe?

Elsa Lanchester gibt eine energische Jessica Mables, die nicht umsonst Miss Jane Marple erinnert, und James Coco parodiert als Milo Perrier auf unnachahmliche Weise den berühmten Hercule Poirot. Peter Falk klopft als abgebrühter Privatschnüffler Sam Diamond genau die Art von markigen Sprüchen, die auch von dem Vorbild Sam Spade kommen könnten. Sie alle werden von Sohn, Chauffeur, Barfrau oder Gesellschaftsdame begleitet. Diese exquisite Besetzung ist allerdings um Welten besser als die Speisen bei diesem Dinner, denn die Gäste vermuten, dass man ihnen durch aushungern nach dem Leben trachtet, als Bensonmum mit gravitätischen Bewegungen die Suppenterrine hereinträgt. Sie ist natürlich leer, denn die nutzlose Köchin Yetta fühlt sich weiterhin nicht zuständig.

»Hier, nehmen Sie den Löffel und kosten Sie selbst«, fordert Perrier den Butler auf, nachdem er fassungslos dabei zugesehen hat, wie dieser gewissenhaft das Nichts aus der Terrine auf seinen Teller geschöpft hat. »Ich versteh, was Sie meinen, Sir«, erwidert Bensonmum schließlich, um Fassung ringend, nachdem er am leeren Löffel geschlürft hat. »Ich werde ein Wörtchen mit der Köchin reden müssen.«

EIN FLÄSCHCHEN VOLL BESONDEREM SAFT

Jack the Ripper, der im Herbst 1888 mindestens fünf Prostituierte im Londoner East End ermordete, ist einer der berühmtesten Serienkiller aller Zeiten. Dabei weiß man über den Aufschlitzer – so die wörtliche Übersetzung – so gut wie nichts. Er wurde nie gefasst und über seine Identität gibt es zahllose Theorien. Auch Lewis Carroll, der Autor des Buches ALICE IM WUNDERLAND, zählt zu den Verdächtigen.

Aber es gibt Bekennerbriefe, eine ganze Menge sogar, tausende. Drei Schriftstücke gelten nach neuester Forschung als echt. Sie sind als *Dear Boss, From Hell* (zusammen mit einer halben menschlichen Niere an die Polizei geschickt) und *Saucy Jack* (auf einer Postkarte) bekannt.

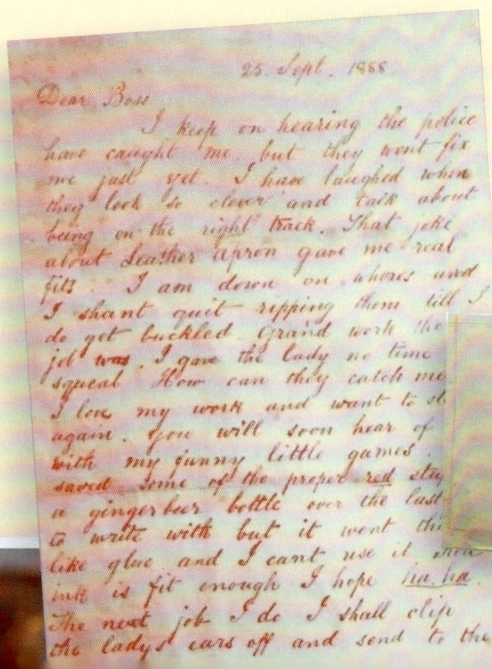

25. Sept. 1888.
Dear Boss
I keep on hearing the police have caught me but they wont fix me just yet. I have laughed when they look so clever and talk about being on the right track. That joke about Leather Apron gave me real fits. I am down on whores and I shant quit ripping them till I do get buckled. Grand work the job was. I gave the lady no time to squeal. How can they catch me. I love my work and want to st again. You will soon hear of with my funny little games. saved some of the proper red stu a ginger beer bottle over the last to write with but it went thi like glue and I cant use it. ink is fit enough I hope ha. ha. The next job I do I shall clip the ladys ears off and send to the

Kulinarisch ist *From Hell* vom 15. Oktober 1888 interessant, denn Jack the Ripper behauptet darin, dass er die andere Hälfte der Niere gebraten und gegessen hat (»It was very nice«). Im Brief *Dear Boss* vom 25. September 1888 erfahren wir, was Jack gerne trinkt. Die Passage lautet: »Ich habe etwas von dem richtigen, roten Zeug vom letzten Job in einer Ingwer-Bierflasche aufgehoben, um damit zu schreiben, aber es wurde leider dick wie Klebstoff, und ich kann es nicht mehr nutzen. Rote Tinte reicht hoffentlich auch, ha ha.«

Wenn er Blut in einer Ginger-Beer-Flasche aufhebt, darf man getrost davon ausgehen, dass er sie zuvor auch leergetrunken hat. Heute ist das immer scharfsüß schmeckende und kohlensäurehaltige Ginger Beer meist alkoholfrei, im 19. Jahrhundert allerdings wies es in der Regel um 11 vol.% auf. Verkauft wurde das beliebte Getränk (allein in London wurden pro Jahr geschätzt 5,5 Millionen Portionen à 0,25l verkauft) üblicherweise von Straßenhändlern, die es selbst herstellten – oft im heimischen Badezuber.

VERSCHWUNDENE SUPPE

FEHLENDE ZUTATEN:

- kein Ochsen-, Schweine- oder sonst einen Schwanz
- weder große noch kleine Möhren
- null Knollensellerie
- auch kein Lauch
- keinesfalls Petersilienwurzeln
- nicht mal ein Lorbeerblatt
- und auch jedes Gramm Sellerie wäre zu viel
- keine einzige Wacholderbeere
- weder Eiweiß (steifgeschlagen) noch sonst was zum Klären der Brühe
- nicht Salz noch Pfeffer
- man kann bei Bedarf ein Glas Portwein trinken

UNTERBLEIBENDE ZUBEREITUNG:

Setzen Sie keinen Ochsenschwanz in 2 - 3 l kalten Wasser mit dem geputzten Wurzelgemüse, den Gewürzen, Salz und Pfeffer auf. Lassen Sie ihn keinesfalls ca. 2 Stunden garkochen. Das Gemüse, das nicht drin ist, brauchen Sie nicht herauszunehmen. Auch den Ochsenschwanz nicht. Er muss nicht abkühlen, und es müssen sich keine kleinen Stücke vom Knochen lösen lassen.

Die Suppe müssen Sie nicht mehrmals filtern, denn Sie haben am Ende sowieso keine dunkelgoldfarbene Brühe. Abschmecken müssen Sie auch nichts mit Salz und Pfeffer. Sie ersparen sich auch das zurechtschneiden des Gemüses in feine Juliennestreifen. Und wenn Sie das Gemüse so vorbereitet hätten, bräuchten Sie es auch nicht erst zusammen mit dem Fleisch kurz vor dem Servieren hinzuzugeben.

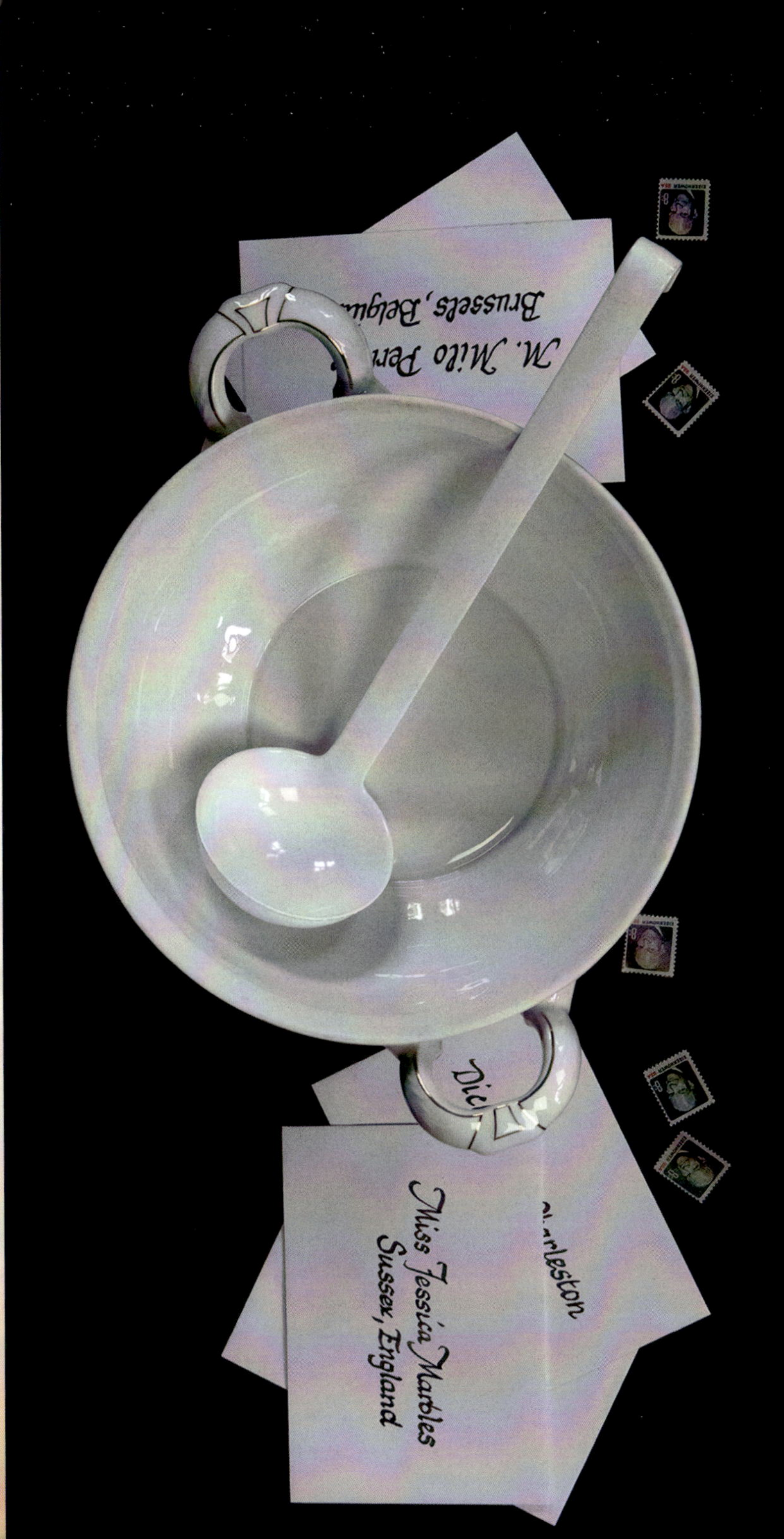

DER KOMMISSAR UND DIE CUISINE POPULAIRE

»Die beiden Männer hatten überbackene Zwiebelsuppe gegessen. Der Kellner stellte ihnen zwei üppige Portionen Sauerkraut nach Elsässer Art hin und tauschte die bereits geleerten Biergläser gegen volle aus ...«
(Maigret verschenkt seine Pfeife / Signé Picpus, 1944)

Maigrets 45. Fall: Eine junge Tote um drei Uhr nachts am Montmartre.

»Ein rundlicher, friedlicher Mann, der sich auch mehr auf seinen Instinkt als auf seine Intelligenz, auf alle diese Fingerabdrücke und sonstigen Techniken der polizeilichen Ermittlung verlässt. Er wendet sie freilich an, weil er dazu verpflichtet ist, aber ohne allzu sehr an sie zu glauben.« So beschrieb der belgische Autor Georges Simenon (1903 – 1989) einst seine berühmteste Schöpfung, Kommissar Jules Maigret. Äußeres Zeichen dieser Ruhe ist die Pfeife, die dem Kriminalen regelrecht »zwischen die Zähne genietet« zu sein scheint, wie es im Roman Maigret und Pietr der Lette (Pietr le Letton, 1931) heißt. Er ermittelt im Justizpalast am Quai des Orfèvres in Paris und hat eine ganze Mannschaft von Polizeibeamten zu befehligen. Dennoch ist er ein Einzelgänger, dem es durch geduldiges Zuhören gelingt, regelrecht in die Gedankenwelt der Zeugen, der Verdächtigen und vor allen Dingen der Täter hineinzuschlüpfen. Er ist ein Mann mit vielen Gewohnheiten, einer, der sich den alten Kohleofen im Büro nicht nehmen lässt, während alle anderen Räume im Revier längst mit einer Zentralheizung ausgestattet sind.

Seine Ermittlungen führen ihn in die kleinen Restaurants mit ländlicher Küche, ins Kino um die Ecke, in die alten Quartiers von Paris – das ist seine Welt. Und die Welt des Verbrechens, das er bekämpft. An jenen Orten nimmt er auch immer sehr gerne die ein oder andere Speise zu sich. Typisches, Urwüchsiges ... keine Experimente. Cuisine populaire statt Haute Cuisine.

Es ist die Küche Frankreichs, die Maigret liebt, die der Bistros und kleinen Gastwirtschaften, die gute Hausfrauenküche seiner Gattin Louise, mit der er stets am Abend empfangen wird. Nach einem Besuch bei einem Freund aus Kindertagen sagte er einmal: »Die Speisen waren zweifellos erlesen, doch diesen raffinierten Sachen mit den ewigen Trüffel- und Krebsschwanzsaucen war einfach nichts abzugewinnen.«

Wildkaninchen, Rillettes, Hähnchen in Weißwein, Fischeintopf nach Fourasser Art ... Der traditionellen, bodenständigen Kost des Landes hat Simenon mit den Maigret-Romanen zweifellos ein Denkmal gesetzt.

In zwei wunderbaren Kochbüchern stellte der französische Kolumnist und Gastrokritiker Robert J. Courtine (der auch unter

den Namen »*La Reynière*« und »*Savarin*« schrieb) die Rezepte zu den in Maigrets Fällen verzehrten Speisen zusammen, unterstützt vom Autor selbst.

»Obwohl sie beide keinen Hunger mehr hatten, setzten sie sich in eine Brasserie und bestellten eine Zwiebelsuppe, weil sie es sich eine Stunde vorher so vorgenommen hatten.« (Maigret und die junge Tote / Maigret et la jeune morte, 1954)

Es ist 3 Uhr in der Nacht, nach einem 30-stündigen Verhör hat die berüchtigte Mauerbrecher-Bande endlich gestanden. Kommissar Maigret und Inspektor Janvier sind erschöpft und wollen die Nacht bei einer Zwiebelsuppe ausklingen lassen. Da erreicht sie ein Anruf: Am Place Vintimille nahe dem Vergnügungsviertel von Montmartre ist eine junge Tote aufgefunden worden. Schnell wird klar, dass die Suppe noch eine Weile warten muss.

Zwiebelsuppe ist wohl eine der französischsten Speisen, die auf internationalen Speisekarten zu finden ist. So einfach die Zutaten sind, so raffiniert ist doch das Zusammenspiel der Zutaten, des Süßen und des Herzhaften. Keine Suppe wärmt mehr an einem regennassen Tag, an keiner kann man sich besser die Zunge verbrühen.

Die Figur Maigret entstand bereits Ende der Zwanzigerjahre, in der Erzählung Nachtzug, doch da war er nur eine konturlose Figur, die nicht zum Serienhelden taugte. Erst 1929, als Simenon mit seinem Boot »Ostrogoth« an der holländischen Nordseeküste unterwegs war und in Delfzijl vor Anker lag, entstand im Kopf des Autors das Bild eines Ermittlers, der schon wenig später Weltruhm erlangen würde. Simenon, ein ausgesprochen schneller Schreiber – im Schnitt brauchte er für einen Roman zwei Wochen – verfasste im Folgenden 75 Kriminalromane und zahlreiche Erzählungen um seinen Pfeife rauchenden Kommissar. Insgesamt schrieb er weit über 200 Romane. Als er im Jahr 1972 verkündete, das Schreiben aufzugeben und die Berufsbezeichnung »Schriftsteller« aus seinem Pass löschen ließ, war Maigret und Monsieur Charles sein letzter Roman. Danach folgten nur noch autobiografische Werke.

Die Pfeife ist ihm wie »zwischen die Zähne genietet«.

Nur drei Filme lag spielte Jean Gabin den Maigret, aber er hat Maßstäbe gesetzt.

GRATINIERTE ZWIEBELSUPPE

ZUTATEN FÜR 2 PERSONEN:

- 500 g Zwiebeln
- etwas Öl oder Schmalz zum Anbraten
- 1 EL Mehl
- 1 l Rinderbrühe oder leicht gesalzenes Wasser
- Pfeffer, Salz
- 1 kleines Glas Madeira oder alternativ trockenen Weiß- oder Apfelwein
- 4 EL geriebener Gruyère
- 2 Weißbrotscheiben, in Stücke geschnitten

ZUBEREITUNG:
Die Zwiebeln schälen und in feine Ringe schneiden. In etwas Öl oder Schmalz glasig dünsten. Das Mehl aufstreuen und unter Rühren mit den Zwiebeln etwas bräunen lassen. Mit der Brühe auffüllen und mit Salz und Pfeffer würzen. Die Suppe etwa eine halbe Stunde köcheln lassen. Mit dem Madeira oder dem Wein abschmecken.

Die Suppe in zwei feuerfeste Formen geben und mit den Weißbrotstücken belegen. Den Käse aufstreuen und im Ofen mit dem Oberhitzegrill kurz überbacken.

UN BEBE AVALE LES
Le
DE
Poursuivre dans
rejoindre la

HAUPTGANG

»Wir bewegen uns auf dem dünnen Eis ungeklärter Phänomene. Angenommen, unser Essen würde plötzlich nicht mehr in unserem Magen verdaut. Angenommen, es liegt wie ein Teigklumpen in uns und vergiftet uns.«

(Patricia Highsmith)

DER PRIESTER UND DAS GESTOHLENE SILBER

»Aus Anlass ihres jährlichen Essens pflegten die Fischer all ihre Schätze auszubreiten, als befänden sie sich in einem Privathaus, vor allem aber ihr berühmtes Besteck aus Fischgabeln und Fischmessern, den wahren Insignien ihrer Gesellschaft, jedes Stück eine auserlesene Silberschmiedearbeit in Fischform, und jedes am Griff mit einer großen Perle geschmückt.«
(Die verräterischen Schritte, The Queer Feet, 1910)

Der exklusive Club »Die zwölf wahren Fischer«, trifft sich jährlich in einem noblen Hotel in Belgravia. Sie bringen ihr eigenes Silber mit – kostbare, mit Juwelen besetzte Fischmesser. Damit rücken sie dem Fischgang des Menüs zu Leibe: »Der heilige Fischgang bestand (für die Augen des Plebs) aus einer Art monströsem Pudding, etwa von der Größe und Form eines Hochzeitskuchens, in dem eine beträchtliche Anzahl interessanter Fische letztlich die Formen verloren hatten, die ihnen Gott einst gab.«

Pater Brown ist zufällig zugegen, um einem italienischen Kellner, der einen Schlaganfall erlitten hat, mit der letzte Ölung zu versehen, da hört er seltsame Schritte und erkennt, dass nebenan buchstäblich ein Verbrechen im Gange ist. »Zuvor war der unbekannte Mann gelaufen, sehr leicht zwar und mit Blitzesschnelle, aber er war gelaufen. Dieses Mal rannte er. Man konnte die schnellen, weichen, springenden Schritte den Korridor entlangkommen hören wie die Tatzen eines flüchtenden und springenden Panters.«

Es ist einer der Gentlemen, der im Begriff ist, das Bankett vorzeitig zu verlassen. Er hält Father Brown wegen dessen schwarzer Kleidung für einen Garderobier und bittet ihn in aller Eile um seinen Mantel. Dieser »Gentleman« ist kein anderer als der Meisterdieb Flambeau, und er tappt gewissermaßen in die eigene Falle, denn der gerade durchgeführte Diebstahl des silbernen Fischbestecks beruhte auf der Tatsache, dass sowohl Kellner als auch Gäste einen Smoking trugen. Ein Fremder in einem Smoking konnte durch einen geänderten Gang, eine andere Haltung und ein verändertes Verhalten von den Gästen für einen Kellner und von den Kellnern für einen Gast gehalten werden. Father Brown jedoch, den Flambeau selbst fälschlich für einen Hotelangestellten hält, entlarvt den Dieb.

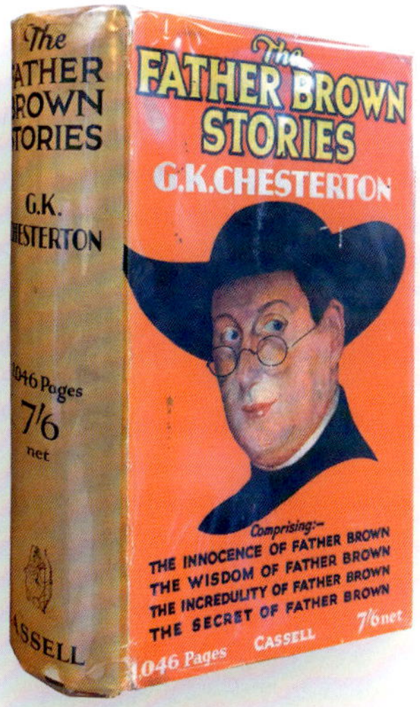

»Ich bin Priester, Monsieur Flambeau«, sagte Brown, »und ich bin bereit, Ihre Beichte zu hören.«

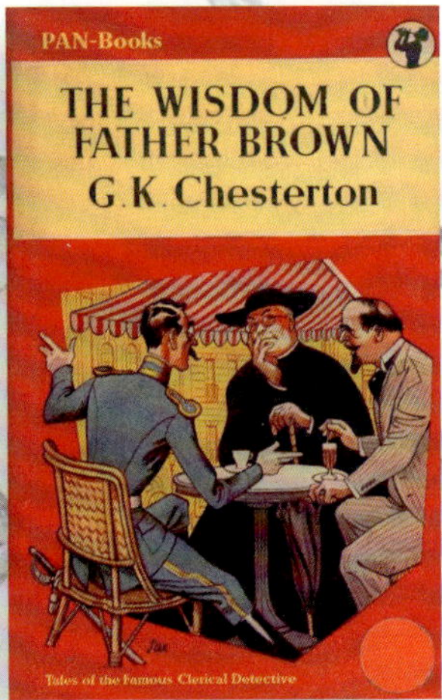

1910 – eine neue Ära bricht an. George V folgt seinem Vater, König Edward, auf den Thron von England. Der Halleysche Komet nähert sich der Erde, Gasbeleuchtung und Hansom-Taxis machen elektrischen Lichtern und Autos Platz. Und ein unscheinbarer Priester aus Essex schickt sich an, ein ganzes literarisches Genre aufzurütteln.

Dieser Priester ist Father Brown, die Schöpfung des Schriftstellers Gilbert Keith Chesterton (1874-1936). In der Geschichte Das Blaue Kreuz ermittelt der katholische Priester zum ersten Mal.

Father Brown ist und bleibt der wohl berühmteste aller geistlichen Ermittler. Seine Suche nach der Gerechtigkeit könnte man durchaus als eine Art Sendung von allerhöchster Stelle interpretieren, doch würde der Priester in seiner Bescheidenheit die Idee einer direkten göttlichen Ermächtigung für seine kleine Person erschrocken ablehnen – so vermutet es Jochen Schmidt in seinem Werk Gangster, Opfer, Detektive **(2009).** Obwohl Father Brown in der Lage ist, brillante Schlussfolgerungen zu ziehen, benutzt er im Gegensatz zu Sherlock Holmes häufig die Intuition. Er findet den Täter, weil es ihm gelingt, den Geist des Sünders zu verstehen.

Der Charakter des Father Brown wurde weitgehend von Chestertons Freundschaft mit Pater John O'Connor inspiriert. Chesterton lernte den Pfarrer 1904 auf einer Vortragsreise durch Yorkshire kennen. Er war beeindruckt von dem tiefen Verständnis, das dieser Priester für das menschliche Gemüt hatte.

Historisch ist Gilbert Keith Chesterton ein Zwischenglied zwischen den klassischen Autoren der Detektivgeschichten des 19. Jahrhunderts und ihren die Tradition fortsetzenden Nachfolgern (wie zum Beispiel Agatha Christie). Als Sohn reicher Eltern 1874 in London geboren, studierte Chesterton in seiner Heimatstadt; nach dem Studium wurde er Journalist und Schriftsteller. Parallel zu philosophischen Schriften veröffentlichte Chesterton seit 1905 auch Kriminalgeschichten. 1911 erschien der erste Geschichtenband mit Abenteuern des Father Brown. Bis 1935 erschienen vier weitere Bände mit Father Brown-Erzählungen mit am Ende exakt 50 Geschichten. Unter den großen Detektiven der Weltliteratur ist Father Brown der einzige, der in keinem Roman vorkommt.

Die Figur des freundlichen, vorwitzigen Detektivs hat schon mehrfach Einzug in Film und Fernsehen gehalten. Der große Mime Alec Guinness schlüpfte 1954 für den englischen Spielfilm Die seltsamen Wege des Pater Brown (Father Brown) in die Soutane. 1960 übernahm Heinz Rühmann in Das schwarze Schaf die Rolle und drehte noch zwei weitere Filme, in denen er sich mehr und mehr von der ursprünglichen Figur entfernte. (Am Ende wurde er gar Kardinal in Rom!)

Eine getreue Umsetzung der literarischen Vorlagen lieferte von 1966 bis 1972 das deutsche Fernsehen mit der Serie Pater Brown, mit Josef Meinrad in der Hauptrolle, und in einer weiteren deutschen Fernsehserie wurde ab 2003 ein bayrischer Pfarrer Braun von dem Kabarettisten Ottfried Fischer dargestellt. Eine Verbindung zu den Originalen gibt es hier nicht mehr.

Nach einer 13-teiligen Serie mit dem beliebten englischen Schauspieler Kenneth More im Jahr 1974 produziert das britische Fernsehen seit 2012 die erfolgreiche Krimiserie Father Brown, die dem Geiste Chestertons sehr nahekommt, und die die Handlung in die ländliche Umgebung der Cotswolds und in die Fünfziger Jahre verlegt hat. Als Priester der St. Mary's Church im fiktiven Dörfchen Kembleford sorgt sich Father Brown um seine Schäfchen und stolpert fortwährend über Mordfälle, die er als intelligenter und scharfsinniger Beobachter zu lösen vermag. Mark Williams stellt die geistliche Spürnase überzeugend dar, die von einem kleinen Team, bestehend aus der Haushälterin Mrs McCarthy, Lady Felicia Montague und ihrem Chauffeur Sid, unterstützt wird.

Als Father Brown am Ende von Die verräterischen Schritte das gestohlene Silber, das er dem reuigen Gauner abnahm, den rechtmäßigen Besitzern zurückgibt, wird er von den Clubmitgliedern natürlich nach dem Dieb gefragt, aber er gibt nicht die erhoffte Auskunft: »Seinen wirklichen Namen kenne ich nicht (...) aber ich weiß nun ein wenig über seine Kampfkraft und recht viel über seine geistigen Nöte. Seine körperlichen Qualitäten kann ich einschätzen, weil er versuchte, mich zu erdrosseln, und seine moralischen, als er hinterher Buße tat.«

Im Cotswold-Dörfchen Blockley steht die Kirche, die seit 2013 als Kulisse für die Fernsehserie dient. Der ganze Ort verströmt einen reizenden 50er-Jahre-Charme.

FISCH PUDDING

ZUTATEN FÜR 1 PUDDINGFORM:
à 16 cm Ø (1 l Inhalt)

- **800 g Fischfilet (Schellfisch, Hecht, Kabeljau oder Seelachs)**
- **1 Ei**
- **60 g geschmolzene Butter**
- **6 EL selbstgemachtes Paniermehl aus geriebenen getrockneten Brötchen**
- **4 gehäufte EL Kartoffelmehl**
- **2 EL gehackter Dill**
- **1 TL Salz, ½ TL Pfeffer**
- **100 g Schmand**
- **1 TL Worcestersauce oder ½ TL getrockneter Liebstöckel**
- **Butter und Paniermehl für die Puddingform**

Für die Dekoration:
- **Schmand, Dill, etwas Lachsfilet**

ZUBEREITUNG:
Die frischen oder aufgetauten Fischfilets trockentupfen und in Stücke schneiden. Anschließend in einer Küchenmaschine kleinhäckseln. Den gehackten Dill, den Schmand, das Ei, Salz, Pfeffer und die Worcestersauce zugeben und alles weiter mixen. 6 EL selbstgemachtes Paniermehl zugeben und zum Schluss die geschmolzene Butter und das Kartoffelmehl einrühren. Die Puddingform einfetten und mit Paniermehl ausstreuen.

Die Fischmasse einfüllen und in einem Wasserbad garen. Hierfür die Puddingform verschließen, in einen Topf stellen und mit Wasser angießen. Die Puddingform sollte zu zwei Dritteln im Wasser stehen. Nun den Pudding ankochen und gut 75 Minuten köcheln lassen. In der Nachwärme noch 15 Minuten stehen lassen. Den Pudding etwas abkühlen lassen, stürzen, in Scheiben schneiden. Warm oder kalt servieren. Die Puddingscheiben mit etwas Schmand, Dill und einem Stück Lachsfilet dekorieren und zu einem grünen Salat reichen.

GARE P.L.M.
Rue de Belgique
Musée des Beaux-Arts
N.D. de Nice
Avenue Notre-Dame
Egl. du Christ
Lycée de Filles
Boulevard
Dubouchage
Bibliothèque
Hosp. de la Charité
Poste Télég. (Bur. central)
Grace Kelly
Cary Grant
nnée – N° 7 488 – 0,40
TATION
HERMALE
CZEMA
SORIASIS
ROCHE-POSAY
86 - VIENNE
CAT D'INITIATIVE
CANNES - GRASSE
nice-matin
Dimanche
20 PAGES
LE GRAND QUOTIDIEN D'INFORMATIONS DU SUD-EST ET DE LA CORSE
DIRECTION, REDACTION, ADMINISTRATION : 27, av. Jean-Médecin, Nice (Téléphone 88.79.41). C.C.P. Marseille 864-76.
NICE-ROME
DC 9 TOUS LES JOURS
14h35
CORRESPONDANCES VERS L'AFRIQUE

WER WAR ZUERST DA – DAS EI ODER DER MORD?

»Ich bin kein schwerer Esser.
Ich bin nur schwer, und ich esse.«
(Alfred Hitchcock)

Er war ein dicker Mann mit vielen Leidenschaften, ein wahres Genie, wenn es darum ging, die Nerven der Kinogänger zum Zerreißen anzuspannen. Mit einer perfekt ausgewogenen Mischung aus Spannung, Glamour, Humor und Sex hat er Kultfilme wie Psycho, Das Fenster zum Hof, Vertigo oder Bei Anruf Mord geschaffen. 1899 wurde er in Leytonstone (London) als Sohn eines Gemüsehändlers geboren und übersiedelte 1956 nach Hollywood, wo er amerikanischer Staatsbürger wurde. Hier speiste er häufig in den Feinschmeckertempeln *Chasen's* und *Romanoff's*, wobei er zuhause eher die klassischen britischen Gerichte wie Pies oder Dover Seezunge vorzog, die ihm seine geliebte Frau Alma zubereitete. Er war sowohl Gourmet als auch Gourmand.

Cary Grant hat sich entschieden:
Er nimmt Schenkel UND Brust.

Besonders Hühner schätzte der Meister der Spannung sehr. Brathähnchen mit Schinken zählte zu seinen Lieblingsgerichten. Und knuspriges Geflügel begegnet uns folgerichtig auch in vielen seiner Filme.

»Vögel sind keine aggressiven Kreaturen ...«, erklärt zum Beispiel Mrs Bundy im Film Die Vögel, nur um von der Kellnerin in *Tides Restaurant* rüde unterbrochen zu werden: »Drei Brathähnchen mit Folienkartoffeln!« In Rope – Cocktail für eine Leiche gibt es Brathähnchen, in Topaz oder auch in Der Mann, der zu viel wusste.

In Über den Dächern von Nizza spielt Grace Kelly bei der Landpartie am Rande der Grand Corniche ein verführerisches Spiel mit Cary Grant. Nicht nur die Sonne Südfrankreichs heizt die Stimmung beim Picknick im offenen Cabrio ordentlich auf, als sie ihm sehr offensiv – nicht nur – etwas vom Hähnchen anbietet: »Wollen Sie lieber Schenkel oder Brust?«

Überhaupt verknüpft Hitchcock in seinen Werken sehr oft Essen mit zwischenmenschlichen Regungen. Einsame Menschen sind zum einsamen Essen verdammt, gemeinsames Essen be-

Ein ehemaliger Juwelendieb trifft den Versicherungsagenten – die Haushälterin ist bereit, notfalls einzugreifen.

Hier stimmen alle Zutaten: Schöne Menschen, eine Romanze, knisternde Spannung und eine atemberaubende Landschaft ...

deutet traute Zweisamkeit und Glückseligkeit, aber wenn die Liebe dann irgendwann verblasst, wird bei Hitchcock auch das Essen zur Tortur. Schlechtes Essen – dürftiges Liebesleben. Die Filme sind voll von mehr oder minder verdeckten Anzüglichkeiten.

Der Gemüsehändler und Frauenmörder Rusk erklärt vor seinem nächsten Krawattenmord in FRENZY eine Grundregel seiner beiden Betätigungsfelder: »Finger von der Ware, solange sie noch nicht dir gehört.« Und das Mitleid eines jeden Zuschauers gilt im selben Film Chief Inspector Oxford, weil er allabendlich mit den Koch-Katastrophen seiner Gattin traktiert wird. Womit hat er das verdient? Vielleicht durch mangelnde körperliche Zuneigung? Hitchcock sagte man nach, ein Opfer seiner eigenen unbefriedigten sexuellen Fantasien zu sein.

So sehr er aber Hühner mochte, so wenig lag ihm doch an ihren Produkten. Eier, so erzählte er einmal in einem Interview, könne er einfach nicht ausstehen. »Das weiße runde Ding ohne Löcher«, erzählte er. »Haben Sie jemals etwas Widerspenstigeres gesehen als ein zerplatzendes Eigelb, dessen gelbe Flüssigkeit sich überall hin verteilt?«

Seine tiefe Abneigung gegenüber Eiern zeigt er uns in zahlreichen Filmszenen. Darin sind sie zumeist unverzehrbar. Sie zerlaufen oder dienen als Wurfgeschosse. In SABOTAGE heißt es: »Pochierte Eier sind die widerlichsten Dinge der Welt!«, und in ÜBER DEN DÄCHERN VON NIZZA drückt die Millionärin Mrs Stevens ihre Zigarette in einem Spiegelei aus.

Allerdings gibt es ein Eiergericht, das Hitchcock stets als seine persönliche Spezialität bezeichnete: Die Quiche Lorraine. Dieser Leibspeise widmete der Meister sogar einen Auftritt in ÜBER DEN DÄCHERN VON NIZZA.

Cary Grants höflicher Juwelendieb John Robie serviert darin einem Gast das von seiner Haushälterin zubereitete Gericht auf seinem malerischen Balkon an der französischen Riviera. Robie erklärt, das Geheimnis des knusprigen Teigs liege in der sanften Bearbeitung durch die überaus geschickten Finger der Haushälterin – so geschickt, dass sie während des Krieges einen deutschen General völlig geräuschlos erwürgt hat.

27

ALFRED HITCHCOCK, *producer-director of those wonderful suspense movies and television thrillers knows the picture-making business from all angles. His great interest and good taste in food are sort of a legend and Mr. Hitchcock tells his friends, "I'm not a heavy eater. I'm just heavy, and I eat."*

Hitchcock's Quiche Lorraine
(Swiss-Cheese Pie)

Sift together:
1½ cups sifted cake flour
½ teasp. salt
With finger tips, work in until crumbly:
¼ lb. butter or margarine (½ cup)
Slowly add, stirring with fork:
¼ cup cold water
Shape into ball; roll in waxed paper; refrigerate about ½ hr., or until easy to roll. Then start heating oven to 425°F. On floured board, roll dough into large circle, about 14" in diameter. Fit into 11" pie plate. Make attractive fluted edge. With fork, prick well. Place in refrigerator about 30 min. Meanwhile, make filling: Fry until crisp:
12 slices bacon
Crumble bacon into small pieces. Now, using fine grater, grate:

Then add:
2 cups heavy cream
¾ teasp. salt
Pinch nutmeg
Generous pinch sugar
Pinch cayenne
Plenty of freshly ground black pepper
Beat with egg beater just long enough to mix thoroughly. Now spread surface of pastry shell with:
About 1 tablesp. soft butter or margarine
Sprinkle bacon bits, then grated cheese, in bottom of pie shell. Pour cream mixture over all. Bake 15 min. Then reduce oven temperature to 300°F.; bake 20 min. longer, or until silver knife inserted in center comes out clean. Serve hot, cut into wedges.

Makes 20 hors d'oeuvre, or 8 main-dish servings

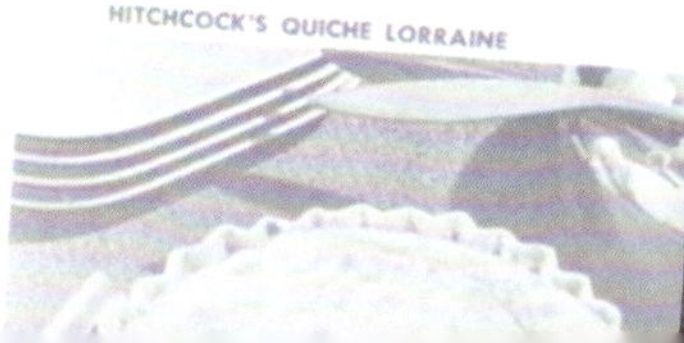
HITCHCOCK'S QUICHE LORRAINE

QUICHE LORRAINE

ZUTATEN FÜR 1 QUICHE-FORM VON 26-28 CM Ø:

Für den Mürbeteig:
- 200 g Mehl
- ½ TL Salz
- 125 g kalte Butter in Scheiben
- 1 EL kaltes Wasser oder Milch

Für die Füllung:
- 100 g Schinkenspeckwürfel
- 125 g Emmentaler oder würziger Bergkäse (gerieben)
- 4 Eier
- 150 ml Sahne oder Crème fraiche
- ¼ TL Salz
- etwas Muskatnuss und Pfeffer
- Mehl zum Ausrollen
- Fett zum Einfetten der Form

ZUBEREITUNG:
Für den Mürbeteig das Mehl mit dem Salz und der Butter schnell verkneten und das Wasser zugeben. Sobald der Teig geschmeidig ist, zu einer Kugel rollen und kurz kalt stellen.

In der Zwischenzeit die Eier mit der Sahne verschlagen und die Schinkenspeckwürfel und den Käse unterheben. Mit Salz, Muskatnuss und Pfeffer abschmecken.
Den Teig auf einer bemehlten Arbeitsfläche circa 4-5 mm dick ausrollen und in die gefettete Form einpassen. An den Rändern etwas hochziehen. Den Teig im vorgeheizten Ofen bei 175 Grad Celsius Ober-Unterhitze ca. 10 Minuten blindbacken. Anschließend die Eier-Sahne-Masse einfüllen und die Quiche dann weitere 30-40 Minuten backen, bis ihre Oberfläche goldbraun ist.

Mit einem Glas Weißwein oder Rosé und etwas Brot oder mit grünem Salat servieren.

*»Aus einer großen Schüssel,
die mitten auf dem Tisch stand,
häufte Paola gerade Fusilli
mit grünen Oliven und Parmesan
auf Chiaras Teller. Es war noch nicht
ganz die Saison für ein solches Gericht,
aber Brunettis Augen und Nase
begrüßten es wohlgefällig.«
(Das Mädchen seiner Träume /
The Girl of His Dreams, 2008)*

VENEDIG SEHEN – UND ERMORDET WERDEN …

Man nennt sie die Stadt der Liebe, der Frauen, der Sehnsucht, der Brücken, der Katzen … je nachdem, aus welchem Blickwinkel man Venedig betrachtet. Ganz gewiss aber die Stadt des Verbrechens. Zu dieser hat die amerikanische Schriftstellerin Donna Leon sie gemacht. Die 1942 in New Jersey in den USA geborene Autorin hat ihrer Wahlheimat (seit 1981) ein literarisches Denkmal gesetzt. Sie hat einen waschechten italienischen Commissario kreiert: Guido Brunetti, Chefermittler an der *Questura di Venezia* am Fondamenta San Lorenzo. Und sie weiß, worüber sie schreibt, denn sie studierte in Perugia und Siena, bevor sie dann als Reiseführerin in Rom arbeite. Die Idee zu ihrem ersten Buch kam ihr 1992 während eines Opernbesuchs im *Teatro La Fenice* in Venedig, wo sie bei einer Unterhaltung mit dem Dirigenten Gabriele Ferro und seiner Frau über den Tod des Stardirigenten Herbert von Karajan plauderte. »Ich fand das eine interessante Art, einen Kriminalroman zu beginnen. Und da dachte ich, ich schreibe mal einen«, erzählt die Bestsellerautorin in einem Interview.

Er ist ein kultivierter und bescheidener Venezianer, ihr Commissario Brunetti. Seine Ehefrau Paola entstammt dem adligen Geschlecht der Falier, einer der ältesten, wohlhabendsten und einflussreichsten Familien Venedigs. Paola kocht vorzüglich, und Brunetti genießt ihre Kochkünste in vollen Zügen. Die Familienmahlzeiten sind ihm wichtig. Im Gegensatz zu vielen anderen Ermittlern ist er mit einer intakten Familie und einem ruhigen Privatleben in einer großen, schönen Wohnung unweit der Kirche *San Polo* gesegnet.

»Schon bei den ersten Bissen nahm Brunetti den Geschmack mit allen Sinnen auf. Zuletzt hatten sie Fusilli mit Oliven und Parmesan gegen Ende des Sommers gegessen, und damals hatte er eine der letzten Flaschen Masi Rosa-

*In der Lagunenstadt erreicht man auch
das Commissariato San Marco am besten auf dem Wasserweg.*

to aufgemacht. Ob es noch zu früh im Jahr war für einen Rosé?, überlegte Brunetti. Doch dann sah er die Flasche auf dem Tisch und erkannte Farbe und Etikett.«

Fusilli mit grünen Oliven sind eines seiner Leibgerichte. Er hat viele. Egal ob zuhause oder in der *Trattoria Corte Sconta* oder dem *Antiche Carampane* – Pasta mit Wein geht immer.

Es kommt vor, dass Brunetti mit seinem Vorgesetzten, dem eitlen Vice Questore Patta essen gehen muss. Das tun sie dann in der berühmten *Harry's Bar* oder im *Ciprianis.* Ab und an bleibt auch nur die Zeit für einen Cappuccino auf der Terrasse des *Palazzo Gritti.* Patta liebt diese Luxusadressen, Brunetti mag es eher volkstümlicher.

Das Mädchen seiner Träume ist Brunettis siebzehnter Fall, in dem ein Hauch von Wehmut mitschwingt und der einige Schattierungen düsterer ist als seine Vorgänger. Gleich zu Beginn erfährt er mit dem Tod seiner Mutter einen schmerzhaften Verlust. Kurz darauf wird die Leiche eines ertrunkenen Mädchens aus dem Kanal gefischt. Ein elfjähriges Roma-Kind, wie Brunetti herausfindet, das allem Anschein nach bei einer Diebestour verunglückte und ertrank. Oder war es doch ein Mord? Die Ermittlungen gestalten sich schwierig für den Commissario, denn die Bewohner der Wagenburg vor den Toren der Stadt sind verschlossen und feindselig.

Der Freisitz, die Film-Dachterrasse der Brunettis am Zusammenfluss des Rio de San Polo und des Rio de le Erbe.

Donna Leon gibt in diesem Buch viel Privates über ihren Ermittler preis: Familie Brunetti kauft ein, geht aus, speist, trinkt Kaffee oder Prosecco, und das alles vor der romantischen Kulisse der Lagunenstadt, die langsam in der Frühlingsluft aufblüht. Aber da ist immer noch das tote Mädchen, das Commissario Guido Brunetti bis in seine Träume hinein verfolgt ...

Obwohl Donna Leons Romane internationale Bestseller sind, wurden sie nach wie vor nicht ins Italienische übersetzt, da die Autorin es vorzieht, von den Menschen an ihrem Wohnort weiterhin unvoreingenommen behandelt zu werden und in ihrer Zurückgezogenheit nicht belästigt zu werden.

Die deutschen Fernsehverfilmungen sind ebenfalls Kassenschlager. Im Großen und Ganzen orientieren sie sich an den Buchvorlagen, aber die Folge 26 Stille Wasser wurde offiziell als letzte Episode angekündigt, auch wenn die Buchreihe fortgeführt wird. In den ersten vier Folgen spielte Joachim Kròl den Brunetti, dann übernahm Uwe Kockisch seine Rolle.

MORD PER PESTO

Der Spitzenreiter in Sachen Verbrechen ist unbestreitbar die beschauliche englische Grafschaft Midsomer: es gibt 395 Morde (davon sind 337 zu sehen), insgesamt 581 Todesfälle plus 160 Mordversuche in 126 Episoden der beliebten Fernsehserie Inspector Barnaby (Midsomer Murders, 1997 -), die auf der Romanreihe von Caroline Graham basiert. So manches kleine Nest in dieser Region müsste längst entvölkert sein.

Die Mordmethoden sind erwartungsgemäß vielfältig, auch in kulinarischer Hinsicht. Die Opfer werden per Katapult mit Weinflaschen beschossen und im Braubottich ertränkt, ihnen werden Giftpilze untergejubelt, sie werden mit dem Käsedraht garottiert und in der Produktionsstraße der Konservenfabrik zu Tode gebrüht. Mit Trüffelöl beschmiert und an einen Baum gefesselt wird ein Farmer gar das Opfer gefräßiger Wildschweine.
In der Folge Garten des Todes (Garden Of Death, 2000) wird die Großgrundbesitzerin Elspeth Inkpen-Thomas mit einer Portion Bandnudeln vergiftet, über die man köstliches grünes Pesto gegeben hat. Dass sich darin als unentdeckte Zutat ein Löffelchen geraspelte Fingerhut-Wurzel befindet, könnte ein Hinweis auf das Mordmotiv sein, denn sie hat den ganzen Ort gegen sich aufgebracht, weil sie im Begriff ist, den öffentlichen Memorial-Garten dem Erdboden gleichzumachen.

Nichts gegen die englische Küche! Ihr schlechter Ruf ist ein Relikt aus Nachkriegszeiten. Aber Joyce Barnaby, die Ehefrau von Chief Inspector Tom Barnaby, versinnbildlicht dieses Vorurteil, indem sie sich als Köchin versucht, ohne auch nur über einen noch so zarten Hauch von Talent zu verfügen. Gleich in der ersten Folge Tod in Badger's Drift (The Killings At Badger's Drift, 1997) serviert sie geschmorten Lammhals mit Pilzklößen und macht damit ihre kleine Familie in mehrfacher Hinsicht sprachlos. Immer wieder beglückt sie fortan ihren Gatten, der am Abend ausgehungert von der Mordermittlung zurückkehrt, mit den Resultaten ihrer Kochversuche, die man allesamt nur als gescheitert bezeichnen kann. Als sie in der Folge Die Untoten von Barton Woods (Talking To The Dead, 2008) zugibt: »Ich habe dir Chicken Jalfrezi geholt. Ich hatte keine Zeit zu kochen«, entfährt ihm leise ein »Dem Himmel sei Dank«.

Mit Brunetti kam der Erfolg: »Das ist wahrscheinlich das Beste, was mir je in meinem Leben passiert ist. Wenn ich das Konzept nicht verloren hätte, hätte ich die Doktorarbeit beendet und mein Leben als Akademikerin zugebracht«, sagt Donna Leon.

FUSILLI
MIT OLIVENPESTO

ZUTATEN FÜR 4 PERSONEN:

- 500 g Fusilli
- 150 g grüne Oliven (trocken eingelegt, entsteint)
- 25 g Pinienkerne
- 1 Knoblauchzehe
- 100 ml Olivenöl
- 50 g Parmesan
- Saft von ½ Zitrone
- Salz, Pfeffer

Für die Dekoration:

- frische Basilikumblätter
- grüne Oliven
- kleine Tomaten

ZUBEREITUNG:

Das Pesto am besten schon einen Tag vorher zubereiten, damit es schön durchziehen kann.

Die Pinienkerne in einer beschichteten Pfanne ohne Fett leicht anrösten und abkühlen lassen. Die Oliven und die Pinienkerne zusammen mit dem Öl und der zerdrückten Knoblauchzehe in ein hohes Gefäß geben und mit einem Pürierstab zerkleinern. Den Zitronensaft zugeben, den Parmesan fein reiben und unterheben. Mit Salz und Pfeffer abschmecken.

Die Fusilli in einem Topf mit Salzwasser garen, abgießen und mit dem Pesto vermischen. Eventuell noch etwas Olivenöl zugeben.

Auf vier Tellern verteilen und mit frisch gezupften Basilikumblättern und je nach Geschmack einigen grünen Oliven und einer kleinen Tomate anrichten.

Grande
n Polo

EIN REZEPT HÄTTE ICH DA NOCH …

»Nach einem Abendessen, bei dem der andere Mann vergiftet wurde, sind Sie nicht zum Arzt gegangen. Sie waren auch nicht im Krankenhaus. Sie haben nicht einmal darum gebeten, dass Ihnen der Magen ausgepumpt wird. Mr. Gerard, das ist das verdammt beste Beispiel für gute Staatsbürgerschaft, das mir je begegnet ist.«
(Mord à la carte / Murder under Glass, 1978)

In der Welt der Reichen und Schönen fällt jemand wie er auf: Lieutenant Columbo von der Mordkommission des *Los Angeles Police Department.*

Wenn er vor einer der feudalen Villen von Beverly Hills hält und mit zerknittertem Regenmantel, ausgelatschten Schuhen, struppigem Haar, stoppeligem Kinn und Brandlöchern im Schlips aus seinem schmutzfarbenen 1959er Peugeot 403 Cabrio aussteigt, einen qualmenden Zigarrenstumpen zwischen den Fingern, muss er häufig erst seinen Polizeiausweis vorzeigen, bevor die Beamten ihn überhaupt zum Tatort durchlassen.

Peter Falk spielte 69 Folgen lang auf unnachahmliche Weise den sympathischen Schussel, den das Erfolgs-Autorengespann Richard Levinson und William Link erschaffen hatte. Kaum zu glauben, dass einmal Bing Crosby für diese Rolle vorgesehen sein sollte.

Auf den ersten Blick traut man diesem Polzisten so gut wie gar nichts zu. Er wirkt einfältig, unbeholfen und nicht besonders scharfsinnig. Die Mörderinnen und Mörder der amerikanischen Fernsehserie Columbo (1968–2003), die im Gegensatz zu anderen Krimireihen von Beginn einer jeden Folge an bekannt waren, glaubten stets leichtes Spiel mit dem Ermittler zu haben. Und damit lagen sie gründlich schief.

Columbos derbes Äußeres ist Fassade: Hinter seiner zerfurchten Stirn arbeitet ein messerscharfer Verstand, dem kein noch so kleines Detail am Schauplatz des Verbrechens entgeht. Die Verdächtigen lullt er mit seiner gespielten Naivität so lange ein, bis sie ihre ersten fatalen Fehler machen, anhand derer er sie am Ende überführt.

Am besten kann Columbo nachdenken, wenn er in *Barney's Beanery,* einem trödeligen Laden am Santa Monica Boulevard sein geliebtes Chili isst. Der Wirt Bert wirft ihm Phantasielosigkeit vor, da er zwar jedes Mal die Karte studiert, dann aber doch immer nur das Chili bestellt.

Es gibt im Laufe der ungewöhnlich langlebigen Serie mehrere Lokale, in denen Columbo speist, und er weicht mitunter auch auf Hamburger,

Sandwiches, Hotdogs oder Bratwürste aus, aber seinem Chili bleibt er treu. Er isst es mit Salz, ein wenig Ketchup und einer Handvoll zerkrümelter Mais-Cracker. Er mag sein Chili stark, aromatisch und ein wenig gefährlich. In der Folge Ruhe sanft, MRS. COLUMBO (REST IN PEACE, MRS. COLUMBO, 1990) warnt ihn die Kellnerin: »Sagen Sie Bescheid, wenn sich im Chili irgendwas bewegt, Lieutenant. Es ist von Mittwoch.« Columbo ist erfreut: »Genau so mag ich es!«

Mrs. Columbo ist in nahezu jeder Folge in seinen Erzählungen präsent, aber leibhaftig aufgetaucht ist sie nie. Sie behauptet, dass sein Chili ihn irgendwann umbringen werde, und später zwingt ihn sein Cholesterinhaushalt sogar, vorbeugende Tabletten zu schlucken.

Obwohl Chili in vielen Teilen der Welt auf dem Speiseplan steht, halten es viele Menschen in den USA für die typisch amerikanische Mahlzeit schlechthin, ein jederzeit überall erhältliches und erschwingliches Essen für den Durchschnittsbürger.

Man kann nur staunen: mit einer Hollandaise schmeckt einfach alles!

Doch Columbo hat auch für die Zuschauer im Laufe der Jahre immer wieder eine Überraschung parat. In TÖDLICHE TRENNUNG (MURDER BY THE BOOK, 1971) bereitet er geradezu fürsorglich ein Omelett für die am Boden zerstörte Hinterbliebene des Mordopfers zu und erklärt ihr das Geheimnis eines guten Omeletts: »Nur Milch, keine Eier!« Womit er sie auch schon zum Lachen bringt.

In der Folge DOPPELTER SCHLAG (DOUBLE SHOCK, 1973) lässt er sich von dem Mordverdächtigen, dem schmierigen Fernsehkoch Dexter Paris (Martin Landau in einer Doppelrolle als Zwillingsbrüder Dexter und Norman) vorführen, als der ihn vor Publikum als »Freiwilligen« vor die Kamera zerrt, um mit ihm eine Sauce hollandaise anzurühren. Als Columbo sich dabei als übertrieben verschämt und ungeschickt präsentiert, ahnt man schon, dass er seinem Widersacher in Wirklichkeit bereits eine Nasenlänge voraus ist. Dexter Paris präsentiert ihm einen Küchenmixer, mit dem man »schlagen, mixen ... und umbringen« kann. Und genau das hat er auch getan. Einen solchen Mixer mit blankgescheuertem Kabel hat er nämlich erst kürzlich dem steinreichen Erbonkel ins heiße, wohlduftende Badewasser geworfen.

In der Folge MORD À LA CARTE schließlich dreht sich alles ums Essen, und Lieutenant Columbo läuft als Hobbykoch zur vollen Form auf:

Der berühmte Restaurantkritiker Paul Gerard (Louis Jourdan) hat für sich eine Möglichkeit gefunden, auf ganz bequeme Art und Weise an Geld zu kommen, ohne viel dafür zu tun. Von mehreren Besitzern gehobener Restaurants erpresst er Geld im Gegenzug für gute Kritiken. Als einer von ihnen, Vittorio Rossi (Michael V. Gazzo), beschließt, nicht länger zu zahlen und ihn bloßzustellen, tötet ihn Gerard mit einer vergifteten Flasche Wein.

Columbo ermittelt in diesem Fall im lukullischen Milieu, und alle Köche, die ihren toten Kollegen sehr schätzten, versorgen ihn dabei mit den feinsten Leckereien: Kaviar, Räucherlachs, Foie Gras, gedünstete Muscheln, Panettone ... »Solange Sie an dem Fall arbeiten, werden Sie nie Hunger leiden!«, schwört einer von ihnen.

Längst ist Columbo dem mörderischen Kritiker auf der Spur. Als dieser ihn zum gemeinsamen Kochen am Abend einlädt, ahnt er bereits, dass er zum Schweigen gebracht werden soll. Paul Gerard hat für den Mord an Rossi das Gift des japanischen Kugelfischs (Fugu), der im Land der

ROT WIE BLUT

Eine der wohl besten Columbo-Folgen dreht sich um Wein. Die am 7. Oktober 1974 erstmals gesendete Folge trägt im Original den Titel Any Old Port in a Storm, nach einem berühmten Lied von Kerry Mills und Arthur J. Lamb. Im Deutschen wurde daraus Wein ist dicker als Blut.

Von Wein weiß der zerknautschte Lieutnant zu Beginn der Folge noch recht wenig, aber dann holt er sich in einem anderthalbstündigen Crash-Kurs bei einem französischen Weinhändler das Grundwissen:

Columbo: »Wie kann man einen guten Wein vom Durchschnitt unterscheiden?«

Weinhändler: »Durch, hm ... den Preis.«

Der knifflige Kriminalfall dreht sich um Adrian Carsini, einen Winzer aus Überzeugung, meisterhaft gespielt von Donald Pleasance. Die Weinberge gehören allerdings seinem Halbbruder Rick, einem echten Hallodri, und der will alles an einen Massenweinproduzenten verkaufen. Adrian schlägt ihn deshalb bewusstlos, schleppt ihn in den luftdichten Weinkeller, fesselt ihn und schaltet die Klimaanlage aus – die all seine wertvollen Flaschen vor Überhitzung schützen soll. Rick stirbt schließlich. Und da gerade eine Hitzewelle über Los Angeles zieht, verderben natürlich auch all die edlen Weine.

Passend zum Thema macht sich Adrian Carsini für Columbo dadurch verdächtig, dass er einem seiner Gäste erlaubt einen sehr wertvollen Wein zu trinken – was untypisch für ihn ist. Genauso passend ist es, wie Columbo versucht Adrian aus der Reserve zu locken: er lässt beim Abendessen einen durch Hitze geschädigten Wein servieren.

Kalifornien ist das bedeutendste Weinland der USA, 90 % der Gesamtproduktion stammen von hier. Es waren Italiener aus Norditalien und der Schweiz, die eine zentrale Rolle dabei spielten. 1883 wurden die ersten Reben in der Nähe von Los Angeles angelegt. Heute gibt es nur noch einen Weinberg im Los Angeles County, den als Appellation definierten Malibu-Newton Canyon. Vielleicht stammten von hier die Weine von Adrian Carsini, der Pinot Noir, Gamay und eine Bordeaux-Cuvée produzierte.

aufgehenden Sonne eine geschätzte Delikatesse ist, verwendet. Es ist eines der gefährlichsten Gifte der Welt: das Nervengift Tetrodotoxin. Ein einziger Kugelfisch enthält genug davon, um dreißig Erwachsene zu töten. Um das Gift in den Wein zu bekommen, hat Gerard die Nadel des Druckluft-Flaschenöffners benutzt.

Sie kochen und plaudern, und Columbo bereitet mit großem Geschick ein Gericht zu, dessen Rezept er einst von seinem Vater bekam: »Escalopes de Veau aux Cèpes« Er erklärt lachend: »Mein Papa nannte es ganz einfach Scaloppini.«

Natürlich entgeht Columbo dem Mordanschlag, mit dem Gerard ein letztes Mal versucht, seinen Hals aus der Schlinge zu ziehen. Der Kritiker gibt sich am Ende geschlagen und kann nur noch bedauernd sagen: »Ich wünschte, Sie wären Koch geworden.«

Ein Koch-Duell der besonderen Art: Der schlampige Polizist entpuppt sich als passabler Koch, und der geübte Koch als schlampiger Mörder …

Ein Pieks, und das Gift ist drin. Der Druckluft-Entkorker wird hier als höchst ungewöhnliche Mordwaffe eingesetzt.

COLUMBOS CHILI

ZUTATEN FÜR 4 PERSONEN:

- 2 große Zwiebeln
- 2 Knoblauchzehen
- 1 grüne Paprika
- 600 g gemischtes Hackfleisch (2 Teile Rind, 1 Teil Schwein)
- 2 Dosen geschälte Tomaten
- 1 Dose Kidney-Bohnen oder 250 g gekochte Pinto-Bohnen
- 1 Tube Tomatenmark
- Salz, Pfeffer
- Chili
- Koriander
- edelsüßes Paprikapulver
- nach Geschmack und Columbo-Manier etwas Ketchup

ZUBEREITUNG:
Die Zwiebeln und den Knoblauch schälen und würfeln. Zusammen mit dem Hackfleisch anbraten. Die Paprika putzen und kleinschneiden. Die Paprika und die geschälten Tomaten sowie 1 TL Salz zum Hackfleisch geben. Die Masse etwas köcheln lassen und dann die Bohnen zufügen. Mit Tomatenmark, etwas Ketchup und den Gewürzen abschmecken. Noch etwas einköcheln lassen.

GUT ZU WISSEN:
Für »Colombos Chili Habit« benötigt man außerdem eine Handvoll Tacos (Mais-Chips), die man zerkrümelt und über das Chili streut.

BARNEY'S
BEANERY

WANTED

SCALOPPINI DE VEAU À LA PAPA COLUMBO

ZUTATEN FÜR 2 PERSONEN:

- 2 Kalbschnitzel natur
- 2 Schalotten
- nach Geschmack 100 g getrocknete oder frische Steinpilze
- ein halbes Glas Rotwein
- Olivenöl

Für den Salat:

- ½ Gurke
- 2 Tomaten
- 3 EL Olivenöl
- 1,5 EL Balsamico bianco
- Salz, Pfeffer, Zucker
- frisch gehackte Kräuter
- 1 Schalotte oder Zwiebel in Ringe geschnitten

ZUBEREITUNG:

Die getrockneten Pilze eine halbe Stunde einweichen und dann trockentupfen. Die frischen Pilze säubern.

Die Gurke schälen. Die Tomaten waschen. Beides in dickere Scheiben schneiden und auf einem Teller mit den Zwiebelringen anrichten. Aus Öl, Essig, Salz, Pfeffer und Zucker eine Vinaigrette rühren und die gehackten Kräuter dazugeben. Den angerichteten Salat mit der Vinaigrette übergießen und etwas durchziehen lassen.

Für die Kalbsschnitzel die Schalotten schälen und in kleine Stücke oder Fächer schneiden. Die Schnitzel etwas flachklopfen und trockentupfen. In einer Pfanne Öl erhitzen und die Schalotten zugeben. Kurz glasig dünsten. Dann die Schnitzel zugeben und von beiden Seiten 2 Minuten leicht braten lassen. Sie sollen noch hell bleiben. Dann die kleingeschnittenen Pilze zugeben und mit dem Rotwein ablöschen. Den Bratensaft kurz aufkochen lassen und die Schnitzel servieren.

Dazu passen etwas Baguette und ein Gurken-Tomaten-Salat wie ihn Columbo und Gerard beim gemeinsamen Kochen zubereiten.

Heike: »Bär! Vergiss nicht, deinen neuen Nasenhaarschneider abzuholen. Der liegt noch bei der Post – schon seit drei Tagen.«
Dietmar: »Ja, mach ich. Oah, wird das etwa …?«
Heike: »… dein Lieblingsgulasch.«
Dietmar: »Nee, ne?«
Beide: »Scharf, aber nicht zu scharf!«
(Mord mit Aussicht, Gulasch für den Geiselnehmer, 2014)

MANN, MANN, MANN …

Da, wo die gebrechliche Rentnerin Frau Ziegler mit dem Rollator in Zeitlupe die Dorfstraße quert, wo im Gasthof Aubach unten auf jeder Quittung 13,80 steht, wo man sich mit dem Auto durch die Schafherde durchquetschen muss und wo der herbeigerufene Arzt (Gynäkologe) routinemäßig bei jedem brutalen Mord einen Herzinfarkt bescheinigt, da ist Hengasch.

Der kleine fiktive Ort in der Nordeifel beherbergt mancherlei schrullige Typen. Am schrägsten jedoch ist die Besatzung der kleinen Polizeistation. Hier tun Polizeimeisterin Bärbel Schmied und Polizeiobermeister Dietmar Schäffer Dienst. Die Delikte beschränken sich zwar auf frisierte Mofas, geklauten Mutterboden und nächtliches Küheschubsen, aber dafür beträgt die Aufklärungsquote satte hundert Prozent.

Als Kommissarin Sophie Haas aus dem nahen Köln hierher in die Provinz, in das kleine Nest im Landkreis Liebernich versetzt wird, erleidet sie einen handfesten Kulturschock. In einer Region, die früher als »Preußisch Sibirien« verschrien war, und von der Wilhelm II. einst sagte, sie sei »ein wundervolles Jagdgebiet – nur schade, dass dort Menschen leben«, ticken die Uhren nun mal anders als in der Großstadt. Es dauert eine ganze Weile, bis sie sich mit dem pensionierten Dienstellenleiter Zielonka, mit Heike »Muschi« Schäffer, der Ehefrau des Dorfpolizisten und all den anderen liebenswert-schrägen Landeiern arrangiert hat, doch aus der anfänglichen Abscheu erwächst langsam eine klammheimliche Zuneigung, die sie sich selbst kaum einzugestehen vermag.

In der Folge Gulasch für den Geiselnehmer bläst Sophie Haas Trübsal, weil ihre geplante Hochzeit mit dem Tierarzt Dr. Kauth geplatzt ist und zudem noch ihr Vater das gemeinsame Haus verlassen und mit seiner polnischen Pflegerin Danuta weggezogen ist.

Doch der aus der JVA Koblenz entsprungene Häftling Romanski steuert auf seiner Flucht Hengasch an, und die Dorfpolizei ist in Alarmbereitschaft.

Die Katastrophe bahnt sich an, als Dietmar Schäffer, der sich auf den Feierabend und sein Gulasch freut, erfährt, dass Romanski seine »Muschi« als Geisel genommen hat. Er verlangt »keine Polizei« und einen Fluchtwagen.

Derweil betätigt sich die Geisel als Seelenklempnerin und entwickelt fürsorgliche Gefühle für den Ausbrecher, der nur geflohen ist, um seine Ehe zu retten. Hungrig macht er sich über das leckere Gulasch her. Diese Köstlichkeit, in die Heike immer ein paar Löffel Schmand einrührt, besänftigt auch den härtesten Ganoven, und dank eines mehr oder weniger geschickten Ablenkungsmanövers kann Romanski jetzt gestellt werden.

Heike Schäffer ist für die Verpflegung zuständig. Sie backt und kocht für ihren Dietmar »Bär« für den Altennachmittag und für die Dorffeste. Wenn sie ihm seinen »Ohnmachtshappen« auf die Wache bringt, fällt häufig etwas für die restliche Belegschaft ab. Und wenn sich ihr Dietmar

Freut sich schon morgens auf den Feierabend: Polizeiobermeister Dietmar Schäffer weiß, was er an seiner »Muschi« hat.

Die alte Schule (heute Bürgerhaus) im Eifeldorf Kallmuth träumt vom Ruhm vergangener Zeiten als erste Polizeistation Hengasch.

abends bräsig auf dem Sofa vor der Glotze lümmelt und eine seiner geliebten Tierdokumentationen guckt, schmiert sie ihm Schnittchen, schneidet sie auf Wunsch auch klein und füttert ihn, wenn sie wieder mal ganz besonders verliebt in ihn ist.

Risse bekommt dieses kulinarisch-komische Konstrukt erst, als plötzlich Dietmars Mutter einzieht. Als damit einhergehend der Kampf um Dietmar Schäffer und seine Verpflegung entbrennt, werden keine Gefangenen gemacht …

Die erste Staffel von Mord mit Aussicht lief im Jahr 2008 über den Bildschirm, und die Einschaltquoten waren zunächst eher enttäuschend. Aufgrund der positiven Kritiken wurde die Serie dennoch fortgesetzt.

2010 liefen neue Folgen, und die Quoten stiegen von diesem Zeitpunkt an unerwartet rasant. Weitere Staffeln liefen dann 2012 und 2014, und zu Weihnachten 2015 folgte nach 39 Folgen ein 90-minütiger Fernsehfilm, der das vorläufige Ende der Serie markierte.

Trotzdem blüht der Kult um die intelligent-heitere (mit durchschnittlich 6,75 Millionen Zuschauern erfolgreichste) deutsche Serie weiter. Die Hengasch-Fans veranstalten Jahrestreffen – mit Nachspielen einzelner Filmsequenzen, Quiz, Tombola, etc. – produzieren Fan-Fiction und bereisen die Filmschauplätze. Gedreht wurde die Serie zu Beginn hauptsächlich in der Eifel, später dann zunehmend im Bergischen Land und im Kölner Umland. Auch die Polizeidienststelle zog um: Zuerst stand sie im Eifeler Dörfchen Kallmuth, dann im Vorgebirge in Bornheim-Hemmerich.

Die Autorin Marie Reiners, die die Drehbücher zur ersten Staffel schrieb, lebt selbst in der Eifel und hat ihren Mitbewohnern all die Schrullen abgeguckt, die diese Serie so liebenswert machen.

»Lokalkolorit, schillernde Figurenkonstellationen und großartiger Slapstick machen Mord mit Aussicht zu einer der besten deutschen Serien«, urteilte die FAZ.

HAUTE CUISINE AN SCHÖNSTEN ARSCH DER WELT

Siggi Baumeister ist der erste Ermittler, der mit seinen Fällen in der deutschen Provinz regelmäßig die Bestsellerlisten stürmte. Erfunden hat ihn Jacques Berndorf, ein ehemaliger Stern- und Spiegel-Journalist, der in seiner zweiten Lebenshälfte in der Eifel heimisch wurde.

Die Eifel ist ein Hot Spot des Verbrechens, wenn man Berndorf glauben mag. Darum hat Siggi Baumeister auch immer alle Hände voll zu tun, da im Westen, »am schönsten Arsch der Welt«, wie er gerne sagt.

Es steckt verdammt viel Jacques Berndorf in Siggi Baumeister: Alter, Statur, Wohnort … beide rauchen Pfeife, beide schreiben für die großen deutschen Magazine, und beide können zugegebenermaßen nicht kochen.

Wenn Baumeister in Eifel-Müll (2000) also beschreibt, wie er ein Ei brät, kann man getrost davon ausgehen, dass sein Erfinder es ebenso tut: »Ich entschloss mich zu Spiegeleiern à la Gloria Gaynor. Ich denke, das muss ich erklären. Es gibt eine ›Club House‹- Ausgabe von Gaynor-Songs, auf der auch *How High The Moon* zu finden ist. Das Fett in der Pfanne muss bei den ersten Takten heiß sein, dann werden die Eier aufgeschlagen und exakt bis zum Ende des Songs gebraten. So erhalten sie jene Konsistenz, die ich bevorzuge. Gloria Gaynor kennt diesen Trick natürlich nicht, sie kommt ja auch so selten in die Eifel.«

Polizei Hengasch NRW
EPHK Haas

MUSCHIS GULASCH

ZUTATEN FÜR 4 PERSONEN:

- 1 kg Rindergulasch (aus der Wade, von Hals oder Schulter)
- 1 kg Zwiebeln
- 2 Knoblauchzehen
- Etwas Schweineschmalz zum Anbraten
- 5 TL edelsüßer Paprika
- 2 Lorbeerblätter
- Salz und Pfeffer nach Geschmack
- 1 rote Paprika
- Wasser und trockener Rotwein zum Angießen und Ablöschen
- 2 TL Currypulver
- 1 TL Tomatenmark
- Chilipulver nach Geschmack
- Schmand nach Belieben
- Petersilie

ZUBEREITUNG:

Die Zwiebeln schälen und würfeln. Die rote Paprika putzen, entkernen und in feine Streifen schneiden. In der Zwischenzeit das Fett in einem Bräter oder Schmortopf erhitzen. Die Zwiebeln hineingeben und anbraten, bis sie glasig sind. Nun das Fleisch zugeben und die Würfel ringsum anbraten. Das Ganze mit soviel Wasser ablöschen, dass das Gulasch so gerade bedeckt ist.

Den Paprika, das Paprikapulver, die Lorbeerblätter und etwas Salz und Pfeffer zugeben und für 2,5 Stunden mit geschlossenem Deckel schmoren lassen. Ab und zu die Flüssigkeitsmenge kontrollieren und mit weiterem Wasser oder auch etwas Rotwein angießen. Das Tomatenmark, den Curry und etwas Chilipulver zugeben und zu Ende köcheln lassen.

Das Gulasch nach der Garzeit mit etwas Schmand abschmecken und mit etwas gehackter Petersilie bestreuen.

DESSERT

»Schlagsahne ist überhaupt keine Schlagsahne, wenn sie nicht mit Peitschen geschlagen wurde.«

(Roald Dahl)

EIN DESSERT, DAS SIE NICHT ABSCHLAGEN KÖNNEN

»Don Corleone nickte.
›Rache ist eine Speise,
die kalt am besten schmeckt‹,
sagte er.«
(Mario Puzo, Der Pate)

Peter Clemenza ist einer von Vito Corleones ältesten Freunden. Zugleich ist er einer der Caporegime des Dons, einer der Untergebenen, die jeweils eigene kleine Crew befehligen. Sie sind die Puffer zwischen den kleinen Gangs und dem Clan-Oberhaupt. Diese feinen Verästelungen und die dadurch praktizierten Umleitungen von Befehlen über verschiedene Zuständigkeiten machte es (und macht es wahrscheinlich heute noch) der Mafia möglich, sich immer wieder den Anklagen wegen illegaler Handlungen zu entziehen. Fast so wie in der Politik.

Außerdem ist Clemenza der Pate von Don Corleones ältestem Sohn Sonny und zudem ein zuverlässiger Manager knallharter Strafmaßnahmen und eiskalter Exekutionen. Die ganze Handlung des Romans Der Pate von Mario Puzo ist – ebenso wie die berühmte Filmversion – eine kaum zu beschreibende Verknüpfung von geschäftlichen Abhängigkeiten, von Machthunger und von einer unablässig voranrollenden Flut von Vergeltungsmaßnahmen. Es wird geschossen, erstochen und erwürgt, und das alles geschieht unter den Augen der korrupten Staatsgewalt.

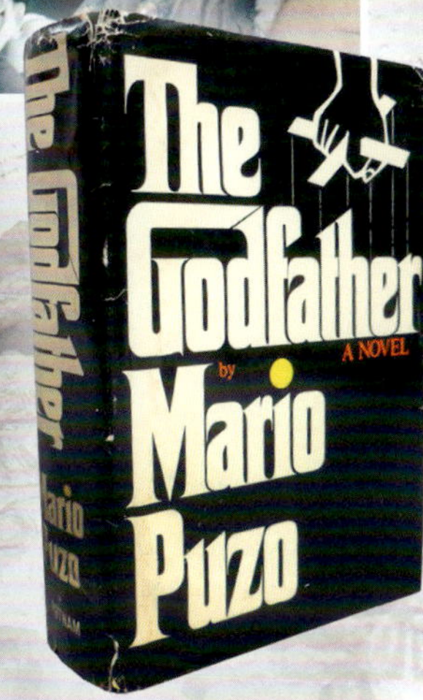

Als Clemenza seinen in Ungnade gefallenen ehemaligen Schützling Paulie Gatto eliminieren soll, heuert er dafür Rocco Lampone an. Gemeinsam mit dem nichtsahnenden Gatto kurven die beiden erst eine Weile im Auto durch die Gegend, bis irgendwann ein unerwarteter Schuss in den Hinterkopf das Leben des Verurteilten beendet. Der Job ist erledigt, das Auto samt Gattos Leiche wird zurückgelassen, und Clemenza befiehlt Rocco noch: »Lass die Kanone im Auto. Die Cannoli kannst du mitnehmen.« Clemenzas Frau hatte ihn nämlich gebeten, Cannoli mit nach Hause zu bringen, also darf er sie keinesfalls am Tatort zurücklassen. Als Indiz hätten sie vermutlich sowieso nicht viel hergemacht. Cannoli sind eine süße Köstlichkeit aus Sizilien. Ein gefülltes Gebäck, das aus einer frittierten Teigrolle mit süßer cremiger Füllung besteht.

Dass Clemenza selbst auch irgendwann nach Mafia-Art den Löffel abgibt, versteht sich eigentlich von selbst. Der Corleone-Killer Willi Cicci weiß: »Das war kein Herzinfarkt.«

Als guter Patenonkel weiß Clemenza, was er seinem Patenkind beibringen muss. Das Einmaleins und das Alphabet sind nicht so wichtig.

Der italoamerikanische Schriftsteller Mario Puzo hatte nach eigenen Angaben nie persönliche Erfahrungen mit dem Mafia-Milieu gemacht. Sein Roman **Der Pate (Il Padrino, 1969)** beruhte demnach vollständig auf seinen aufwändigen Recherchen. Diese Mühen wurden belohnt, denn mit über 21 Millionen verkauften Exemplaren ist er einer der erfolgreichsten Romane der Trivialliteratur.

Das Epos um den Corleone-Clan ist schlichtweg der Klassiker unter den Mafia-Romanen. Es beschreibt die Geschichte der fiktiven, aus dem sizilianischen Dorf Corleone stammenden gleichnamigen New Yorker Mafiafamilie und gewährt tiefe Einblicke in die Familienstrukturen und in die Abhängigkeiten der einzelnen Zweige und befreundeten Clans untereinander. Sorgsam fächert Puzo die große Vielfalt der illegalen Geschäftspraktiken auf. Und er macht auch die für Außenstehende seltsam anmutenden Ehrbegriffe transparent und prägt im Wesentlichen das Bild der Mafia in der Öffentlichkeit.

Die Verfilmung in drei Teilen wurde mit zahlreichen Auszeichnungen bedacht und weltweit über eine Milliarde Mal gesehen. Puzo selbst hatte die Schauspiellegende Marlon Brando für die Rolle Vito Corleones vorgeschlagen, auch wenn dieser ihn darauf hinwies, dass ihn, der im Allgemeinen als äußerst schwierig galt, zurzeit kein Studio engagieren würde. Regisseur Francis Ford Coppola akzeptierte dann Brando in der Hauptrolle, die dem Star schließlich einen Oscar einbrachte.

Übrigens drängt sich bei der Figur des Johnny Fontane, einem von den Corleones protegierten Schlagersänger, die Parallele zu Frank Sinatra auf, aber der diente nach Puzos Angaben wider Erwarten nicht als direktes Vorbild.

The Godfather

CANNOLI SICILIANI

ZUTATEN FÜR CA. 25 STÜCK:

Für die Gebäckröllchen:

- 250 g Weizenmehl
- 100 ml trockener Marsala oder Rotwein
- 10 ml Balsamico bianco
- 20 g Zucker
- 30 g Schweineschmalz (alternativ Butterschmalz)
- 2 gehäufte TL Backkakao
- 1 Prise Salz

Für die Füllung:

- 1 kg Ricotta
- Puderzucker nach Geschmack

Außerdem:

- Cannoli-Formen aus Edelstahl (im Fachhandel) oder alternativ ungekochte Cannelloni Ø 2 cm
- Mehl für die Arbeitsplatte
- 1 verquirltes Ei zum Verkleben der Röllchen
- 1 Liter Fett zum Ausbacken (Schmalz oder mildes Oliven-, Raps- oder Kokosöl)

Zum Dekorieren:

Puderzucker, kandierte Orangen oder Kirschen (in Stückchen geschnitten), Schokotropfen, Pistazienkerne (gehackt)

ZUBEREITUNG:

Die Zutaten für den Teig gut miteinander verkneten und zu einer Kugel formen. Diese mindestens eine halbe Stunde ruhen lassen. Abermals durchkneten und in zwei gleich große Stücke teilen. Die beiden Teigstücke auf einer bemehlten Arbeitsplatte nun jeweils zu einem Viereck ausrollen und die zwei Vierecke aufeinanderlegen. Nun den Teig mit einem Messer in zwei Hälften schneiden. Jede Hälfte wieder zu einem großen Viereck ausrollen und abermals zusammenklappen. Nun die zusammengeklappten Vierecke jeweils 1 mm dünn ausrollen und mit einem Glas oder einer Tasse (Durchmesser 10 cm) Kreise ausstechen. Jeden Kreis um eine Cannoli-Form wickeln und an den Enden mit etwas Eiermasse zusammenkleben. Gut andrücken.

Die fertig aufgewickelten Cannoli-Rohlinge sukzessive (immer 3-4 Stück) bei 170-180 Grad in heißem Fett für circa 2 Minuten knusprig ausbacken. Aus dem Fett holen, auf einen mit Küchenkrepp ausgelegten Teller geben und gut auskühlen lassen. Dann das Gebäck vorsichtig von den Formern runterziehen und mit der Ricotta-Creme füllen. Für die Ricottacreme den Ricotta durch ein feinmaschiges Sieb streichen und mit Puderzucker süßen. Dann die Creme in einen Spritzbeutel füllen und die Röllchen damit füllen. Hierfür einen guten Spritzer Creme von beiden Seiten in das Röllchen geben. Mit den kandierten Obststückchen, Schokotropfen und gehackten Pistazienkernen dekorieren.

Mrs Oliver war beim letzten Gang des Essens angelangt und seufzte zufrieden auf, während sie mit den Resten der Meringe auf ihrem Teller spielte. Meringen mochte sie besonders gern, und hier waren sie der köstliche letzte Gang eines sehr köstlichen Essens. Trotzdem, wenn man in ein gewisses Alter kam, musste man mit Meringen vorsichtig sein. Die Zähne!
(Elefanten vergessen nicht / Elephants Can Remember, 1972)

Ein Apfel am Tag ruft den Mörder herbei

Als Ariadne Oliver, die berühmte englische Schriftstellerin der Einladung zu einem literarischen Lunch folgt, ist sie positiv überrascht. Von dieser Art von Veranstaltungen hielt sie sich bislang fern, doch die vorzüglichen Speisen und die angenehme Gesellschaft gefallen ihr durchaus. Doch dann fällt eine Mrs Burton-Cox buchstäblich über sie her und bedrängt sie mit einer Geschichte, die Ariadne Olivers Patentochter betrifft: Celia Ravenscrofts Eltern kamen dreizehn Jahre zuvor unter mysteriösen Umständen ums Leben, und Mrs Burton Cox sorgt sich nun um die Reputation ihres Adoptivsohnes, der Celia zu ehelichen gedenkt.

»Mrs Burton-Cox tippte in Stückchen Zucker in ihren Kaffee und zermalmte es wie ein Raubtier, das einen Knochen frisst. Vielleicht hat sie auch Elfenbeinzähne, überlegte Mrs Oliver flüchtig. Elfenbein? Hunde hatten Zähne aus Elfenbein und Walrosse und Elefanten auch, natürlich. Riesengroße Stoßzähne aus Elfenbein.«

Eins hat die unbequeme Gesprächspartnerin immerhin geschafft: ihre Neugier ist geweckt worden. Und so sucht sie ihren alten Freund, den berühmten Meisterdetektiv Hercule Poirot auf. Gemeinsam machen sie sich auf der Suche nach der Wahrheit über den lange zurückliegenden Kriminalfall. General Ravenscroft und seine Frau wurden damals unweit ihres Hauses am Meer tot an den Klippen gefunden, zwischen ihnen lag ein Revolver. Hat Celias Vater zuerst die Mutter getötet, oder war es umgekehrt? War es ein Selbstmordabkommen oder gar ein Doppelmord?

Das Motiv der Zähne und der Elefanten begleiten sie bei ihren Nachforschungen, denn die Zeugen von damals sind mittlerweile in vorgerücktem Alter, und sie haben die Hoffnung, dass sie – genau wie die Elefanten – über ein gutes Gedächtnis verfügen.

Ariadne Oliver tritt in sieben Kriminalromanen an der Seite von Hercule Poirot auf. In Das fahle Pferd (The Pale Horse, 1961) ist er nicht mit von der Partie. Hinter der Figur der oftmals konfusen, sprunghaften Schriftstellerin könnte man ein Abbild Agatha Christies selbst vermuten. Ariadne Oliver verfasst ebenfalls Romane über einen Detektiv mit ausländischen Wurzeln: ihrer heißt Sven Hjerson und ist ein Finne mit absonderlichen Marotten und Vorlieben. Und sie verflucht ihn ebenso oft wie Agatha Christie selbst schon ihren Hercule Poirot verwünscht hat.

Doch wenn überhaupt, hat sie ihr Autorinnendasein höchstens karikiert. Sie macht sich natürlich aus dem eigenen Erleben heraus lustig über Literatur-Dinners, über Mörderjagd-Spiele, über Autogrammjäger und Verehrerinnen, aber Mrs Oliver hat ansonsten wenig mit ihr gemein. Sie ist eine große Frau mit schönen Augen und einer grauen Lockenpracht, mit der sie ständig etwas Neues ausprobiert, um sie zu bändigen. Ihre Nase ist hakenförmig,ihre Kleidung nicht ganz up to date und mitunter ein wenig schlampig.

Vor allen Dingen isst sie Äpfel. Unmengen von Äpfeln. In MRS MCGINTY IST TOT (MRS MCGINTY'S DEAD, 1952) treffen Poirot und sie zusammen, als sie ihm aus dem fahrenden Auto heraus einen abgebissenen Apfelgriebsch an den Kopf wirft

In HALLOWEEN PARTY (HALLOWE'EN PARTY, 1962) ist sie zugegen, als im Anwesen *Apple Trees* in der ländlichen Ortschaft Woodleigh Common bei einem Fest am Abend des All Hallow's Eve eines der Kinder einen grausamen Tod findet. Die vorlaute dreizehnjährige Joyce überlebt ein Apfel-Schnapp-Spiel nicht, nachdem sie verkündet hat, sie habe einen Mord beobachtet. Jemand hat das Kind im Bienenkostüm mit dem Kopf in die Schüssel mit den im Wasser schwimmenden Äpfeln gedrückt. Wieder ruft sie Hercule Poirot herbei, der den Fall mit Bravour löst. Zwar rollt er mitunter angesichts ihrer Unterstützung die Augen himmelwärts und lässt keinen Zweifel daran, dass die Ermittlungen ihres Detektivs unglaubwürdig und nicht mit den seinen zu vergleichen sind. Andererseits ist sie ihm manchmal durch ihre unvoreingenommene Beobachtungsgabe durchaus eine gewisse Hilfe, so wie es in anderen Fällen sein treuer Begleiter Captain Arthur Hastings ist.

MERINGEN

ZUTATEN FÜR 60 BAISERS:

- **4 Eiweiß**
- **1 Prise Salz**
- **250 g Zucker**
- **2 TL Zitronensaft**

ZUBEREITUNG:
Das Eiweiß mit dem Salz steifschlagen. Sobald das Eiweiß stockt, den Zucker nach und nach einrieseln lassen. Den Zitronensaft zugeben und solange weiter schlagen, bis der Zucker vollständig aufgelöst ist.

Die Eiweißmasse in einen Spritzbeutel mit Lochtülle füllen und kleine Rosetten auf ein mit Backpapier ausgelegtes Blech spritzen. Die Meringen je nach Größe ein bis zwei Stunden bei 100 Grad Celsius Umluft im Ofen trocknen.

Die Meringen sind fertig, wenn sie sich leicht vom Backpapier lösen lassen. Das Gebäck in der Nachwärme zu Ende trocknen lassen und in einer Dose aufbewahren.

TIPP:
Zu einem kräftigen Espresso schmecken diese süßen Baisers einfach köstlich und führen so manchen in Versuchung!

POISON
CYANIDE

EIN MONSTRÖSES MÖRDER-MENÜ

*»Diät? Ich bin, was ich bin, gerade weil ich mich nach oben gegessen habe!
Ich bin ein Kunstwerk, geschaffen von den besten Köchen der Welt.
Jede Falte ist ein Pinselstrich!
Jede Falte ein Sonett!
Jedes Kinn ein Konzert!
Kurzum, mein lieber Doktor, in meiner jetzigen Form bin ich ein Meisterwerk!«
(Robert Morley als Max Vandeveer in »Die Schlemmerorgie«)*

Als dem berühmten englischen Restaurantkritiker Maximilian Vandeveer (Robert Morley) von seinem Arzt wegen des haarsträubenden Übergewichts das Todesurteil prophezeit wird, ist für ihn die strikte Diät, der er sich von nun an unterwerfen soll, beinahe ein ebensolches. Ist er doch gerade erst im Begriff für sein Magazin nichts Geringeres als »das beste Menü der Welt« zusammenzustellen. Die Diät könnte nicht ungünstiger kommen, aber sie kann ihn nicht von seiner Mission abbringen.

Für seine hochfliegenden Pläne rekrutiert er vier internationale Götter der Kochkunst, die es seiner Meinung nach verdient haben, dazuzugehören: den Schweizer Louis Kohner (Jean Pierre Cassel), der für seine »Pigeons en croûte« berühmt ist, den Italiener Fausto Zoppi (Stefano Satta Flores) mit seinem legendären Hummergang, Edouard Moulinot (Philippe Noiret) aus Paris, dessen »gepresste Ente« keinesfalls fehlen darf und Natasha O'Brian (Jacqueline Bisset), die ihre »Bombe Richelieu« gerade erst als Dessert im Buckingham Palace präsentierte.

Dass Vandeveer mit dieser Auswahl Neider und Konkurrenten provoziert, war vorherzusehen. Was er nicht einplanen konnte, war, dass Natashas Ex-Mann Robby Ross plötzlich in London aufkreuzt, der nicht nur einen der Spitzenköche als Zugpferd für seine neue Omelett-Imbisskette *H. Dumpty* einspannen, sondern nebenbei auch seine Verflossene zurückerobern will.

Und noch jemand wird durch Vandeveers Aktivitäten auf den Plan gerufen: Ein skrupelloser Mörder, der damit beginnt, einen der großen Küchenchefs nach dem anderen auszuschalten. Louis Kohners Leiche wird im Backofen seines Privathauses gefunden. Der ermittelnde Inspektor konstatiert schmunzelnd: »Er ist gut durch.«

Fausto Zoppi dümpelt schon wenig später tot im Hummerbecken seines Restaurants in Venedig.

Spätestens jetzt besteht kein Zweifel mehr daran, dass jemand Vandeveer einen blutigen Strich durch die Rechnung machen will. Bei beiden Morden war Natasha nahe beim Ort des Geschehens. Hat sie womöglich etwas damit zu tun? Oder Robby Ross, der ihr auf Schritt und Tritt folgt?

Natasha und Robby reisen zusammen nach Paris, denn wenn der nächste Gang des Menüs die nächste Leiche heraufbeschwört, dann führt die Spur zum Restaurant von Moulinot. Da Paris das Zentrum der Haute Cuisine ist, gibt es gerade hier jede Menge eifersüchtige Köche, die nun alle von sich behaupten, sie müssten folgerichtig die nächste Leiche sein. Allen voran Auguste Granvilliers, der sich sogar als Mordopfer inszeniert, indem er sich in seinem Kühlhaus an einen Fleischerhaken hängt.

Die Entenpresse von Edouard Moulinot ist eine größere Spezialanfertigung. Schließlich muss sein Kopf hineinpassen.

Aber Moulinot kann seinem Schicksal nicht entgehen. Er ist der Beste, und er stirbt so wie er seine Spezialität zubereitet hat: Das Gerät, mit dem er sonst die köstlichen Fleischsäfte aus dem Entenbraten presst, wird ihm zur Todesfalle. Wo eine Ente reinpasst, findet auch der Kopf des Kochs Platz …

Jetzt ist nur noch Natasha übrig. Als sie in einer Live-Fernsehsendung ihre berühmte »Bombe Richelieu« zubereitet, eine gigantische Kuppel mit mehreren Speiseeisschichten, Früchten und üppiger Dekoration, kommt es zum Showdown. Plötzlich wird klar, dass ein eiskalter Killer in einer solchen Eisbombe durchaus einen passenden Sprengsatz verstecken kann, der nicht nur die bezaubernde Patissière, sondern auch das Studiopublikum und die Fernsehcrew das Leben kosten könnte …

Nan Lyons war lange Zeit als Food- und Reiseautorin tätig und hat für die großen Feinschmeckermagazine geschrieben. Zusammen mit ihrem Ehemann Ivan veröffentlichte sie 1976 ihren ersten Kriminalroman um die Welt der Kulinarik, dem später vier weitere folgten.

Diese Bombe ist die Krönung! Max Vandeveer ist beglückt und verschwendet keinen unnötigen Gedanken daran, dass um ihn herum die Köche sterben wie die Fliegen.

Ihr Debüt DIE SCHLEMMERORGIE wurde schon zwei Jahre später mit großem Aufwand und großen internationalen Gaststars in einer amerikanisch-deutschen Co-Produktion verfilmt. Gedreht wurde zum großen Teil in den Münchener Bavaria Filmstudios, aber auch an Originalschauplätzen, zum Beispiel im *Hotel Danieli* und im *Hotel Cipriani* in Venedig, in den Restaurants *Tour d'argent* und *Le Pré Catelan* in Paris. Die Bauten wurden vom Filmarchitekten Rolf Zehetbauer erstellt, und die Speisen kreierte der berühmte Sternekoch Paul Bocuse.

Diese rabenschwarze Kriminalkomödie, die Regisseur Ted Kotcheff mit sichtlich großem Vergnügen inszenierte, ist ein großer Spaß für Liebhaber exquisiter Speisen und scharfzüngiger Dialoge. Sie platzt geradezu aus allen Nähten vor lauter gefilmter Kochkunst und opulent inszenierter Speisen, bei denen dem Zuschauer das Wasser im Munde zusammenläuft.

Beim Liebesspiel bestreicht man sich darin mit Sauce, beim Duell in der Küche werden die Porreestangen gekreuzt, und es fliegen die Salatköpfe. Es wird geröstet, gesotten, frittiert und flambiert, dass es die helle Freude ist. Und alles wird von der bezaubernden Musik von Henry Mancini untermalt, der zu Hollywoods größten Filmkomponisten zählte.

LECKERE BEEREN VOM FRIEDHOF

Martha und Abby Brewster sind zwei reizende alte Tanten, die in Joseph Kesselrings Bühnenstück ARSEN UND SPITZENHÄUBCHEN (ARSENIC AND OLD LACE, 1939) – übrigens sein einziger Erfolg – und in Frank Capras berühmter gleichnamiger Verfilmung mit Cary Grant und Peter Lorre (1944), mehrere ältere, alleinstehende Herren, die ihnen als des Lebens müde erscheinen, ungefragt ins Jenseits befördern. Die beiden, die im finsteren Labor ihres verstorbenen Vaters, gleich neben dem Friedhof in Brooklyn leben, tun dies nicht etwa aus Mordlust sondern aus reiner Nächstenliebe. Damit die diversen Giftstoffe nicht bitter schmecken, werden sie statt in Tee in Holunderbeerwein aufgelöst. »Auf zwei Liter Holunderbeerwein da nehme ich einen Teelöffel voll Arsen, einen halben Teelöffel voll Strychnin und dann eine klitzekleine Prise Zyankali.«

Und wie schmeckt das? Nun, das Theaterstück liefert selbst die Antwort darauf: »Nur einer unserer Herren fand noch Zeit zu bemerken: Oh wie köstlich!« Hinterher werden die Toten dann vom geistig umnachteten Neffen, der sich für Teddy Roosevelt hält, im Keller verscharrt, wo er »den Panama-Kanal gräbt«.
Da Martha eine großartige Köchin ist, macht sie den Holunderbeerwein natürlich selbst. Für 10 Liter braucht man rund 4,5 Kilo Holunderbeeren, 2,5 Kilo Zucker, 2,5 Liter Wasser und dann noch ein paar Hilfsmittel wie Reinzuchthefe, Hefenährsalz, Antigeliermittel, etwas Kaliumdisulfit zum Schwefeln und ein wenig Milchsäure.

Inspiration für die mörderischen Schwestern war die US-amerikanische Serienkillerin Amy Duggan »Schwester« Archer-Gilligan (1869-1962), die in dem von ihr selbst eröffneten »Archer-Heim für Alte und Gebrechliche« ebenfalls mit Gift mordete.

EISBOMBE RICHELIEU

ZUTATEN FÜR 1 KUPPELARTIGE FORM:
(VON 1 BIS 1,5 LITERN FASSUNGSVERMÖGEN)

- **500 ml Schokoladen-Eis**
- **400 ml Himbeer-Eis**
- **300 ml Stracciatella-Eis**

Zum Dekorieren:
weiße Fondantmasse, eine Tube Zuckerschrift, Zuckerperlen nach Geschmack, frische oder tiefgefrorene Himbeeren

ZUBEREITUNG:
Zunächst das Schokoladen-Eis etwas antauen lassen, sodass es streichfähig ist. Die kuppelartige Form mit etwas Frischhaltefolie auskleiden. Dabei darauf achten, dass die Folie möglichst wenig Falten wirft. Nun die Schokoladenmasse einen guten Zentimeter dick mit einem Löffel auf der Folie in die Form einstreichen. Die Form nun eine Stunde frieren lassen. Das Himbeer-Eis etwas weich werden lassen und in die Form einstreichen. Etwas von dem Himbeer-Eis noch übrig behalten, um später den Abschluss zu streichen. Die Eiskuppel wiederum eine Stunde frieren lassen und nun das streichfähige Stracciatella-Eis zunächst zu einem Ball formen und dann in die Mitte der Kuppel setzen. Wiederum frieren lassen und mit dem restlichen Himbeereis den Abschluss streichen.

Während die Torte nun weiter friert, die Fondantfiguren basteln. Hierfür die Fondantmasse mit den Händen etwas weich kneten und mit einem Nudelholz ausrollen.

Es werden ein großer Kreis à 10 cm Durchmesser für die Tortenmitte und acht kleine Krönchen benötigt, die man mithilfe einer Papp-Schablone oder freihand mit einem Messer aus dem Fondant ausschneiden kann. Für die Verzierungen braucht man darüber hinaus jeweils 8 gerade Stücke, 8 längere und 8 kürzere geschwungene Stücke (siehe Rezeptfoto). Die Punkte, an denen sich die Verbindungsstücke treffen, kann man mit Fondantkügelchen oder auch Zuckerperlen besetzen. Ferner benötigt man eine große Krone für das Tortenhaupt, die man mit 8 kleinen gerollten Stücken à 5 cm Länge und einem ausgestochenen runden Kreis à 5 cm plastisch nachbilden kann.

Kurz vor dem Servieren die Kuppelform ganz kurz in warmes Wasser setzen, dann stürzen. Mit einem Messer die Oberfläche der Kuppel glattstreichen, die Fondant-Figuren mit Zuckerschrift aufkleben, mit Himbeeren dekorieren.

DANGEROUS
SIVE

Niedertracht am Nachmittag

CHOCOLAT PAYRAUD

TEATIME

»Das Wort Tee hat etwas Hypnotisches.«

(Dorothy L. Sayers)

ABMURKSEN UND TEE TRINKEN

*»Kümmelkuchen?
Den habe ich seit Jahren
nicht mehr gegessen.
Ist es richtiger Kümmelkuchen?«
»O ja, Mylady. Die Köchin
hat ein uraltes Rezept.
Er wird Ihnen schmecken,
davon bin ich überzeugt.«
Henry warf einem seiner Hilfskellner
einen Blick zu, und der Bursche
machte sich auf den Weg,
um Kümmelkuchen zu holen.
(Agatha Christie:
Betrams Hotel, 1956)*

Den Engländern ist die Tea-Time heilig, auch wenn dabei mitunter Kaffee getrunken wird, und anderswo macht man Kaffeepause und genießt gerne schon mal einen Tee dazu. Man macht heute keine Religion mehr daraus. Zu Miss Marples Zeiten war das anders.

Mit einem Besuch in Londons edlem *Bertrams Hotel* genießt sie in Agatha Christies gleichnamigem Roman (ihr 56.) einen wehmütigen Ausflug in vergangene Zeiten. Als junges Mädchen hat sie hier bereits einige Tage verbracht, und nun hat ihre Nichte ihr einen Hotelaufenthalt in dem Hotel geschenkt, in dem die Zeit scheinbar stehengeblieben ist. »Da gab es große, wappengeschmückte Tabletts und georgianische silberne Teekannen. Das Porzellan war zwar nicht echt Rockingham oder Davenport, sah aber jedenfalls so aus. Serviert wurde der beste indische Tee, Ceylon, Darjeeling, Lapsang, und an Essbarem konnte man alles verlangen, was das Herz begehrte – und es auch bekommen!«

Gemeinsam mit ihrer Freundin Lady Selina Hazy beobachtet Miss Marple das Kommen und Gehen, sie lernt lauter andere illustre Gäste kennen, wie beispielsweise den zerstreuten Kanonikus Pennyfather, die Abenteurerin Bess Sedgwick, ihre Tochter Elvira Blake oder den Rennfahrer Ladislaus Malinowski. Einige der Gäste scheinen nicht die zu sein, die sie vorgeben zu sein, und überhaupt gehen unerklärliche Dinge vor sich. Schließlich taucht auch die Polizei auf, da das Auto eines Hotelgastes im Zusammenhang mit einer Reihe von Bank- und Zugüberfällen und gestohlenen Juwelenlieferungen beobachtet wurde. Logieren die Drahtzieher dieser Verbrechen im Hotel?

Dann verschwindet plötzlich der Geistliche spurlos. Kanonikus Pennyfather ist wie vom Erdboden verschluckt.

Mit einem Mal rücken die Annehmlichkeiten des Hotelaufenthalts für Miss Marple in den Hintergrund, und sie muss erkennen, dass auch hinter einer solch noblen Fassade das Verbrechen lauern kann.

Das legendäre Londoner *Brown's Hotel* soll Agatha Christie als Vorbild für das *Bertrams* gedient haben. Das Fünf Sterne Hotel im Stadtteil Mayfair ist auch heute noch eine hochfeine Adresse, wo man einen klassischen Afternoon Tea zelebriert.

Miss Marple ist dem deutschen Publikum über die Bücher hinaus vor allem wegen der Darstellung durch die unvergleichliche Margaret Rutherford bekannt, die mit ihrer resoluten und zupackenden Art begeisterte. Die BBC verfilmte in den 80ern alle Marple-Romane mit Joan Hickson, einer Schauspielerin, die der Beschreibung in den Originalbüchern erfreulich nahe kam. Eine spätere ITV-Serie mit Geraldine McEwan und (dann abgelöst von Julia MacKenzie) hingegen nahm es wieder nicht so genau mit der literarischen Vorlage.

Auch in anderen Ländern wird am Nachmittag eine Pause gemacht, damit die Zeit bis zum Abend nicht so lang wird. In Schweden gibt es die Tradition der Fika. Diese tägliche Kaffeepause um drei Uhr, die sich kein Schwede nehmen lässt, ist nicht einfach nur eine Pause, in der Kaffee getrunken und süßes Gebäck verzehrt wird, sondern sie ist Lifestyle und ein soziales Happening. Man trifft sich mit Freunden in Cafés oder nutzt die Fikapause für ein Date.

Eine leise, zurückhaltende Dame mit weißem Haar, einem von rosigen Fältchen durchzogenen Gesicht und porzellanblauen Augen – Joan Hickson entsprach in hohem Maße Agatha Christies Beschreibung von Miss Marple.

Im Kriminalroman kommt es dabei mitunter zu weniger schönen Begegnungen: »Plötzlich stand jemand vor ihm. Wallander hatte die Kaffeetasse in der Hand. Er blickte auf. Es war ein Mädchen, um die siebzehn, mit langen Haaren. Sie war sehr blass und starrte ihn wütend an. Dann beugte sie sich vor, sodass die Haare ihr ins Gesicht fielen, und hielt ihm ihren Nacken hin. ›Hier‹, sagte sie, ›hier hast du mich geschlagen.‹« In der Kurzgeschichte WALLANDERS ERSTER FALL ist der junge Kurt Wallander noch ein einfacher Ordnungshüter im Jahr 1969. Doch schon bald forscht er bei einem Selbstmord in der Nachbarschaft nach und kann seinen ersten Mordfall klären. (KURZGESCHICHTENSAMMLUNG WALLANDERS ERSTER FALL / PYRAMIDEN, 1999)

In Henning Mankells Romanen wohnt und arbeitet seine literarische Figur genau dort, wo der Autor sich auskennt: in dem Städtchen Ystad an der schwedischen Südküste. Ganz in der Nähe hat Mankell einige Jahre lang auf einem Bauernhof gelebt und nutzte die Stadt und die umliegende Landschaft von Österlen als Kulisse für seine zwölfbändige Romanreihe um den Chefinspektor Kurt Wallander.

»Er fuhr in die Stadt und parkte wie immer in der Stickgatan, dann ging es durch die engen, verwinkelten Gassen zu *Fridolfs Café.* Er bestellte ein paar Sandwiches und trank ein Glas Milch, während er überlegte, was in seinem Kopf passiert war.« (HUNDE VON RIGA / HUNDARNA I RIGA, 1992)

Mankell hat seine Kriminalromane mitten in die Wirklichkeit hineingepflanzt. Wallander wohnt in einem etwas heruntergekommenen Stadtteil in der Mariagatan 10, es gibt das reale Polizeihauptquartier, dann ist da *Foffos Pizzeria,* und in der Lingsgatan 3 findet man Wallanders Lieblingscafé, *Fridolfs Konditori.* Hier macht er seine Kaffeepause, in der er gerne auch schon mal Fischbrötchen und Bier zu sich nimmt. Neben den Kanelbullar, den beliebten schwedischen Zimtschnecken, können Wallander-Fans dort auch eine Wallander-Torte mit polizeiblauem Marzipan-Überzug verzehren.

Unweit der Touristinfo von Ystad kann man dort Kaffee trinken, wo es auch Wallander immer tat.

Wallander ging bereits drei Mal in (Fernseh-) Serie: zunächst verkörperte Rolf Lassgard den Ermittler, dann trat Krister Henriksson an, für den über die zwölf Originalstoffe hinaus weitere Episoden geschrieben wurden. Und dann entdeckte auch das britische Fernsehen Wallander für sich und schickte den Shakespeare-Mimen Kenneth Branagh auf Verbrecherjagd.

Jenseits des großen Teichs wird am Nachmittag ebenfalls Kaffee getrunken. Anfang der 20. Jahrhunderts konsumierte Amerika sogar die Hälfte des weltweit angebauten Kaffees. Aufgrund der Notwendigkeit, im Ersten Weltkrieg den Kaffee im Feld leicht und schnell herzustellen, wurde der Instantkaffee entwickelt. Dies markierte den Niedergang der Kaffeekultur in den USA, der bis in die Siebziger andauerte. Erst in der jüngeren Vergangenheit hat man wieder zur klassischen Zubereitung zurückgefunden und schätzt mittlerweile wieder eine Tasse wohlschmeckenden, gebrühten Kaffees.

Alfred Hitchcocks schwarze Kriminalkomödie IMMER ÄRGER MIT HARRY (THE TROUBLE WITH HARRY) spielt im herbstlichen Vermont. Die Wälder um das beschauliche Dorf Craftsbury sind bunt und imposant, die Atmosphäre ist friedlich. Unpassender könnte die Leiche nicht platziert werden, die der pensionierte Kapitän und Hobbyjäger Albert Wiles im Wald findet. Er glaubt, der Fremde im Anzug sei versehentlich einem seiner Schüsse zum Opfer gefallen. Aber er ist nicht der Einzige, der befürchtet, er könne den Tod des Mannes verursacht haben. Gleich mehrere der schrulligen Dorfbewohner glauben, ihn auf dem Gewissen zu haben. Die eine

EIN TOAST AUF DEN VATER DES KRIMIS

Der US-amerikanische Autor Edgar Allan Poe (1809-1849) wird aufgrund seiner im April 1841 in der Zeitschrift *Graham's Magazine* erschienenen Kurzgeschichte Der Doppelmord in der Rue Morgue (The Murders in the Rue Morgue) als der Vater der Detektivgeschichte bezeichnet. Hauptfigur ist der Pariser C. Auguste Dupin, der erste völlig analytisch denkende Detektiv der Literatur. Obwohl insgesamt nur drei Kurzgeschichten mit ihm existieren, gilt er als wichtigste Inspiration für Arthur Conan Doyles Sherlock Holmes.

Poes Lieblingsdrink war Brandy. Er trank ihn auch gemischt mit Absinth – eine tückische Kombination. Als Poes besonderer Favorit gilt Eggnog, ein alkoholhaltiges Getränk mit Ei sowie Milch und/oder Sahne, das mittlerweile auch bei uns als weihnachtlicher Eierpunsch Einzug gehalten hat. Manche Quellen sagen, der Alkohol sei schuld an Poes frühem Tod gewesen.

Ein großes Mysterium ist der Poe Toaster (engl. to toast, auf jemanden anstoßen), jene geheimnisvolle Gestalt, die sechzig Jahre lang (1949–2009) alljährlich dem Autor an dessen Grab zu seinem Geburtstag am frühen Morgen des 19. Januars Tribut zollte. Auf dem Friedhof der Westminster Hall in Baltimore, Maryland, erhob die Gestalt das Glas, stellte eine Flasche Weinbrand auf das Grab und legte drei Rosen daneben: für Poe, seine Frau Virginia und seine Schwiegermutter Maria Clemm.

denkt, sie habe ihn mit dem Stock erschlagen, jemand anderes meint ihn mit einer Milchflasche ins Jenseits befördert zu haben.

Zwei turbulente Tage lang versuchen die Dorfbewohner, Licht in die Geschehnisse zu bringen. Sie graben den Toten ein und wieder aus, und über all ihre Bemühungen finden sie zueinander und knüpfen sogar zarte Bande an. Der Captain wird beispielsweise ganz mutig von der altjüngferlichen Miss Gravely zum Kaffee eingeladen, und die Qualität der Blaubeermuffins scheint plötzlich viel interessanter als die lästige Leiche.

»So gute Blaubeermuffins kriegt wirklich nicht jeder hin. Es kommt darauf an, dass die Blaubeeren gut verteilt sind«, weiß er ihre Backkünste zu preisen. Die Muffins sind wirklich appetitlich (warum in der deutschen Sprachfassung daraus Blaubeer-Maultaschen wurden, ist eins der großen Geheimnisse deutscher Synchronstudios ...), und sein Lob verfehlt die Wirkung nicht.

»Es kommt allein auf die Blaubeeren an, das ist das ganze Geheimnis. Ich habe die Blaubeeren an der Stelle gepflückt, wo Ihnen dieses ... äh ... Missgeschick passiert ist.«

Da ist sie also wieder, die Leiche. Und es dauert noch eine Weile und etliche weitere Verwicklungen, bis über diese Sache endgültig Gras gewachsen ist.

Hitchcock war bekannt für seine Vorliebe, die Zuschauer auf die Folter zu spannen und seine Hauptdarsteller bis aufs Blut zu quälen. Bei der Geschichte um den toten Harry (The Trouble with Harry, 1955) aber geht er ge-

EGGNOGG
POES FAMILIENREZEPT

ZUTATEN:
- **30 ml Brandy**
- **30 ml Rum**
- **30 ml Madeira**
- **1 Ei**
- **1 TL Zucker**
- **180 ml Milch oder 60 ml Sahne (geschlagen)**
- **Muskatnuss (gerieben)**

ZUBEREITUNG:
Flüssige Zutaten mischen, mit Eis schütteln, in ein Collins Glas oder ein Highball Glas schütten. Mit Muskatnuss bestreuen.

Höchst ärgerlich – da schießt man ein bisschen mit der Flinte auf die Karnickel, und das Einzige, was man tot im Laub findet, ist ein fremder Mann im Anzug.

radezu liebevoll mit den Protagonisten um. Das Setting ist friedlich, der Humor ist zwar tiefschwarz aber nicht so bitter und garstig wie der Meister ihn sonst zelebriert.

Edmund Gwenn, John Forsythe, Mildred Natwick sowie Shirley MacLaine in ihrem Filmdebüt sind eine vorzügliche Besetzung, und die wunderschöne Herbstlandschaft der amerikanischen Provinz spielt zweifellos eine weitere Hauptrolle. Dass irgendwann die Dreharbeiten von einer Schlechtwetterphase gestört wurden, führte dazu, dass bereits gefallenes Laub eingesammelt und im Studio an Gipsbäume geklebt werden musste. Das zuvor gefilmte bunte Herbstpanorama wurde in die Hintergrundprojektion verbannt.

ENGLISCHER KÜMMELKUCHEN

ZUTATEN FÜR 1 KLEINE KASTENFORM (à 20 cm Länge):

- **1-2 TL Kümmel**
- **125 g zimmerwarme Butter**
- **90 g Zucker**
- **5 Eier**
- **300 g Mehl**
- **1 TL Backpulver**

ZUBEREITUNG:
Den Backofen auf 160 Grad Umluft vorheizen. In einer beschichteten Pfanne den Kümmel rösten, bis er duftet. Dann mit einem Mörser zerkleinern.

Butter und Zucker schaumig aufschlagen, die Eier zugeben und sukzessive das Mehl mit dem Backpulver unterarbeiten. Den zähflüssigen Teig in die gut gefettete Form geben und etwa eine Stunde backen lassen. Die Stäbchenprobe machen! Den Kuchen sonst noch etwas länger im Ofen lassen.

TIPP:
Es gibt auch Rezepturen, die dem Kuchen etwas Zitronensaft und/oder Rum zufügen.

KANELBULLAR

ZUTATEN FÜR 12-16 SCHNECKEN:

- **550 g Mehl**
- **50 g Zucker**
- **20 g Hefe**
- **150 ml Milch**
- **60 g Butter**
- **1 Ei**
- **1 TL Kardamom**
- **½ TL Salz**

Für die Füllung:

- **50 g weiche Butter**
- **2 EL Zucker**
- **1 EL Zimt**

Zum Bestreichen und Bestreuen:

- **1 Ei mit 1 EL Wasser**
- **Hagelzucker**

Außerdem:

- **Mehl für die Arbeitsplatte**

ZUBEREITUNG:

Das Mehl in eine Schüssel geben und in der Mitte eine Mulde bilden. Die Hefe hineinbröseln und mit dem Zucker und etwas lauwarmem Wasser sowie einem Teil des Mehls einen Vorteig anrühren. Diesen etwas gehen lassen, bis er kleine Blasen bildet.

In der Zwischenzeit die Milch erwärmen und die Butter darin schmelzen lassen. Die Butter mit der Milch, dem Ei, dem Salz und dem Kardamom in die Schüssel mit dem Vorteig geben und alles gut verkneten. Den Teigballen abermals ruhen lassen.

Nach einer guten halben Stunde an einem warmen Ort sollte er sich nahezu verdoppelt haben. Nun den Teig abermals mit etwas Mehl durchwirken, sodass er nicht mehr klebrig, sondern elastisch ist. Mit einem Nudelholz auf ein circa 30 x 22 großes Rechteck ausrollen. Die Fläche mit der weichen Butter bestreichen. Den Zimt mit dem Zucker mischen und aufstreuen. Nun das Rechteck von der langen Seite her engmaschig aufrollen und mit einem Messer circa zwei bis drei Zentimeter breite Scheiben davon abschneiden. Diese auf ein mit Backpapier ausgelegtes Backblech oder eng aneinander in eine Auflauf- oder Kuchenform legen. Die Teilchen mit dem Ei-Wasser-Gemisch bestreichen und etwas Hagelzucker aufstreuen.

Die einzelnen Schnecken bei 200 Grad Celsius im vorgeheizten Ofen circa 20-25 Minuten backen lassen. Die als Brötchensonne ausgebackenen Schnecken brauchen etwas länger.

BLAUBEER MUFFINS

ZUTATEN FÜR 12 STÜCK:

- **125 g Zucker**
- **3 Eier**
- **280 g Mehl**
- **3 TL Backpulver**
- **1 Prise Salz**
- **250 ml Milch oder Buttermilch**
- **6 EL Öl oder 90 g zerlassene Butter**
- **etwas Zitronenabrieb und Vanille**
- **150 g frische oder gefrorene Blaubeeren**
- **Öl zum Einfetten des Muffinblechs**

ZUBEREITUNG:
Zucker und Eier schaumig aufschlagen. Das Mehl mit dem Backpulver mischen und zusammen mit der Milch zur Zucker-Ei-Masse geben. Den Teig geschmeidig rühren und die zerlassene Butter zusammen mit etwas Zitronenabrieb und Vanille unterarbeiten.

Den Teig portionsweise in ein gefettetes Muffinblech füllen, die frischen oder noch gefrorenen Blaubeeren auf dem Teig verteilen und gut 30 Minuten bei 160 Grad Umluft backen lassen.

PICKNICK

»Picknicks sind sehr beliebt bei denjenigen, die sich in der ersten Phase zärtlicher Leidenschaft befinden.«

(Arthur Conan Doyle)

SCHÜSSE, SONNE UND SANDWICHES

»Oh nein, ich kann dieses Verlies nicht ertragen. Ich setze mich hier in die Sonne und packe die Sandwiches aus. Es ist fast Abendbrotzeit.«
(Enid Blyton – Fünf Freunde auf der Felseninsel)

»Ich weiß nicht warum, aber die Mahlzeiten, die wir bei Picknicks essen, schmecken immer viel besser als die, die wir drinnen haben«, schwärmt George in Fünf Freunde beim Wanderzirkus (Five Go Off In A Caravan, 1946) angesichts all der hartgekochte Eier, Brot, Butter, Kuchen, Sandwiches und frischgepflückter Pflaumen, die sich vor ihr ausbreiten.

Anne, Dick, Julius und George sind immer an der frischen Luft. Sie schnüffeln Verdächtigen hinterher, spionieren Gangsternester aus und erkunden Ruinen. Bei alldem ist der Hund Timmy mit Freude dabei. Die englische Kinderbuchautorin Enid Blyton hat in den 40ern ihre kindlichen Hobbydetektive mit allem ausgestattet, was damals wohl echte Jungs und Mädels ausmachte. Mit ihrer Neugier spüren sie Verbrecher auf und bringen sie mit Mut und Geschick zur Strecke. Und sie haben immer Hunger. Für ein paar Sandwiches, Kirschtörtchen und selbstgemachte Limonade unter freiem Himmel ist immer Zeit – was Hund Timmy ebenfalls freut, denn es bleibt stets etwas übrig.

Vier Kinder, ein Hund und 240 Teile Rätselspaß.

Die ersten vier Bücher der Reihe wurden während des Zweiten Weltkriegs veröffentlicht, ohne dass dieser in der Handlung irgendwie zur Sprache käme. Vor allen Dingen die Lebensmittelrationierung, die gerade in vollem Gange war (knapp acht Jahre nach Kriegsende strich die Regierung in London die Süßwaren von der Rationierungsliste, Fleisch und alles andere erst 1954), spielte überhaupt keine Rolle. Hartgekochte Eier wurden von den fünf Kinderdetektiven in rauen Mengen verzehrt, obwohl die wöchentliche Ration für Kinder bei drei Stück pro Woche lag (eins für Erwachsene!). »Darf jeder zwei Eier essen?«, fragt Anne nimmersatt – frische Luft macht eben Appetit.

Das einsam gelegene Hotel auf »Burgh Island« inspirierte Agatha Christie zu »Das Böse unter der Sonne« und zu »Und dann gab's keines mehr« (And then there were None, 1939). Bei Flut ist es von Wasser umgeben und kann nur mit dem Boot oder dem abenteuerlichen »Sea Tractor« erreicht werden.

VERSCHLOSSENE RÄUME UND GEFÜLLTE HUMPEN

Mit Dr. Gideon Fell und Sir Henry Merrivale schuf der US-amerikanische Autor John Dickson Carr (1906-1977) gleich zwei weltberühmte, exzentrische Detektive und gilt dank dieser Schöpfungen als einer der ganz großen Meister seines Faches. Der legendärste der beiden ist sicherlich der beleibte, geniale und besserwisserische englische Lexikograf Dr. Gideon Fell, der dem britischen Autor G. K. Chesterton, dem Schöpfer der Pater-Brown-Romane, nachempfunden ist.

Fell ist ein großer Biertrinker und -experte. Die Arbeit an der monumentalen Abhandlung über Die Gewohnheiten des Bier-Genusses englischer Menschen ist neben dem Lösen von als unlösbar geltenden Kriminalfällen – häufig sogenannte *Locked Room Mysteries* – seine Hauptbeschäftigung. 23 Romane und mehrere Kurzgeschichten schrieb

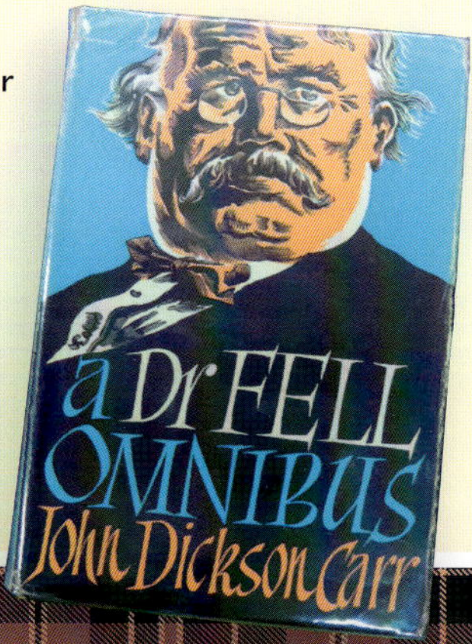

Carr über diesen Mann, der stets in Mantel und Schlapphut umherschreitet und sich unter Zuhilfenahme von Gehstöcken fortbewegt. Seinen ersten Auftritt hat er Fell im 1932 erschienen Hag's Nook, auf deutsch unter dem Titel Tod im Hexenwinkel.

Bei einer Zugfahrt mit dem Studenten Tad Rampole wird Fells große Bierleidenschaft deutlich: »(Rampole) lehnte sich, vom Wein angenehm benebelt, zurück und lauschte dem Geplauder seines Gastgebers. Obwohl er selbst es mit der Getränkefolge nicht genau zu nehmen

Die Faszination eines Picknicks aber erreicht nicht jeden. Und bei manchem Ermittler ist es anstelle eines unbeschwerten Freizeitvergnügens eher ein Mittel zum Zweck:

»Ich weiß, was ich gerne tun würde.«

»Was denn, Mann?«

»Ich würde gerne ein Picknick veranstalten.«

Colonel Weston starrte ihn an.

Dass Hercule Poirot, der Meisterdetektiv im Roman DAS BÖSE UNTER DER SONNE alle Gäste des Jolly Rogers Hotels zu einem Picknick im Dartmoor einlädt, ist für den kleinen Belgier ganz und gar ungewöhnlich. Mit seinen auf Hochglanz polierten Lackschuhen fühlt er sich bekanntermaßen auf hochflorigem Teppich oder gewachstem Parkett tausend Mal wohler als in Gottes freier Natur. Aber er verfolgt den kühnen Plan, bei diesem Ausflug den Mörder oder die Mörderin zu entlarven, und dafür erscheint ihm diese Inszenierung gerade passend.

Und es gibt es noch eine weitere Gelegenheit, bei der er sich freiwillig der Unordnung des englischen Landschaftsgartens aussetzt: In der Fernsehserie AGATHA CHRISTIE'S POIROT lässt er sich auf ein weiteres Picknick ein – dieses Mal aus Herzensgründen. Er speist in der Folge DIE RUSSISCHE GRÄFIN unter freiem Himmel mit der von ihm verehrten Gräfin Vera Rossakoff. Während seine Angebetete sich auf der karierten Decke räkelt, sitzt er stocksteif auf seinem Klappstühlchen, und seine Zuneigung zu dieser Frau mit dem zweifelhaften Ruf lässt ihn Kräuter und Käfer ringsum vergessen.

pflegte, war er dennoch nicht wenig bestürzt von der Art und Weise, wie Dr. Fell seinem Wein ein Starkbier nachschüttete und beide gegen Ende des Mahles noch ein großes Helles folgen ließ. Trotzdem hielt er tapfer mit. ›Was dieses Getränk angeht, Sir‹, meinte der Doktor, und seine mächtige Stimme dröhnte durch den Wagen, ›so vernehmen Sie, was das Alvislied dazu zu sagen hat: Bier bei den Menschen, Heiltrank bei den Alben, Rauschtrank im Riesenland. Hihi!‹«

Wenn Sie auf Dr. Gideon Fell anstoßen wollen: das beliebteste Ale der Insel ist das malzig-süße Newcastle Brown Ale.

In der Episode DAS PFEIFEN IM WALD der Fernsehserie FATHER BROWN, in der sich die Handlung vor der zauberhaften Kulisse der Cotswolds abspielt, lässt sich Pater Browns Haushälterin Mrs MacCarthy auch von einem aufziehenden Unwetter nicht davon abhalten, ein Picknick zu veranstalten. Zunächst scheint die Tatsache, dass die preisgekrönten Erdbeer-Scones nicht eingepackt wurden, die größte Katastrophe zu sein, doch dann

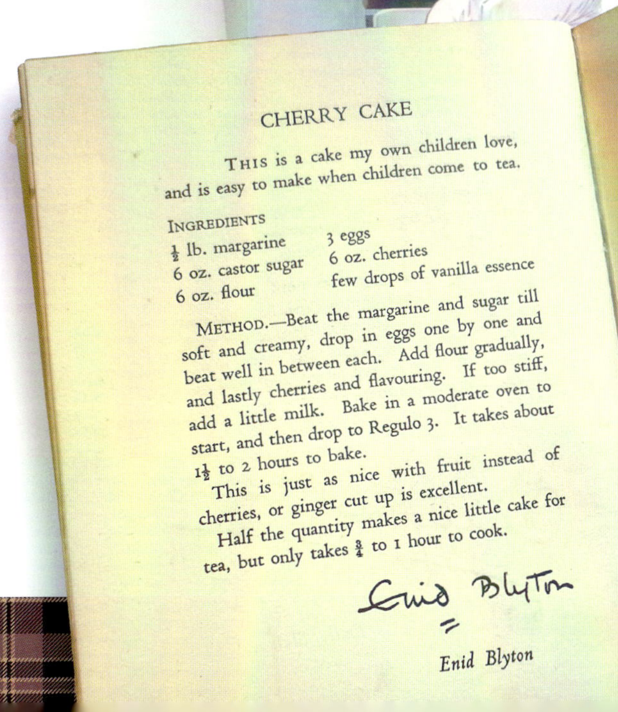

CHERRY CAKE

THIS is a cake my own children love, and is easy to make when children come to tea.

INGREDIENTS

½ lb. margarine
6 oz. castor sugar
6 oz. flour
3 eggs
6 oz. cherries
few drops of vanilla essence

METHOD.—Beat the margarine and sugar till soft and creamy, drop in eggs one by one and beat well in between each. Add flour gradually, and lastly cherries and flavouring. If too stiff, add a little milk. Bake in a moderate oven to start, and then drop to Regulo 3. It takes about 1½ to 2 hours to bake.

This is just as nice with fruit instead of cherries, or ginger cut up is excellent.

Half the quantity makes a nice little cake for tea, but only takes ¾ to 1 hour to cook.

Enid Blyton

Enid Blyton

Trautes Glück beim Picknick: Sie hat sich den beliebtesten Junggesellen der Saison geangelt.

ereignet sich selbstverständlich ganz in der Nähe ein ruchloser Mord.

In Alfred Hitchcocks Klassiker **Rebecca (1951)** ist das Picknick der Inbegriff der noch unbeschwerten Zweisamkeit. Maxim de Winter (Sir Laurence Olivier) und seine zweite Frau (Joan Fontaine) erleben ihre Flitterwochen auf Wolke Sieben und im grünen Gras, aber bald schon schiebt sich dunkles Gewölk über ihre Ehe, denn es geht heim nach England, zurück auf den Landsitz Manderley, in dem die Schatten der Vergangenheit spuken …

Vielleicht ist es der starke Kontrast, den das perfekte Picknickidyll mit all seiner Sinnenfreude zu der abscheulichen Untat bildet, der im Krimi stets so reizvoll daherkommt.

Schon im Altertum aß man in südlichen Gefilden gerne *alfresco,* aber das Picknick, wie wir es heute kennen, wurde überraschenderweise besonders in England kultiviert, einem Fleckchen Erde, in dem das Wetter sich mitunter recht zugeknöpft gibt. Mitte des 19. Jahrhunderts erblickte hier der klassische Picknickkorb das Licht der Welt.

Auch Queen Victoria liebte das Speisen im Freien. Beim Pferderennen in Ascot und beim Tennis in Wimbledon gehört das Picknick als gesellschaftliches Ereignis dazu, und beim Cricketspiel ist eine Teepause vorgeschrieben, bei der der Imbiss im Freien eingenommen wird.

Kein Wunder also, dass auch in der Kriminalliteratur zu gerne die Karodecke ausgebreitet und die Thermoskanne aufgeschraubt wird.

In **Zur fraglichen Stunde (Have his Carcase, 1932)** macht Lord Peter Wimseys Vertraute, die Kriminalschriftstellerin Harriet Vane, einen Wanderurlaub im Südwesten Englands und entdeckt bei einem Picknick am Meer einen Toten auf einem Felsen. Harriet schießt eilends Fotos und sichert einige Gegenstände als Beweismittel mit, denn die Flut wird den Schauplatz bald überspülen. Als am nächsten Morgen Lord Peter im Hotel in Wilvercombe zu ihr stößt, machen sie sich gemeinsam an die Ermittlungen.

Ein Picknickkorb, aus dem auf mysteriöse Art und Weise das Geschirr verschwand, gibt dem Privatgelehrten Dr. Gideon Fell in John Dickson Carrs Roman **Mord am Netz (The Problem**

OF THE WIRE CAGE, 1939) Rätsel auf – von dem von dem erwürgten Mann, der mitten auf dem Tennis Court liegt, ganz zu schweigen.

Und ein ganz reales kriminalistisches anmutendes Rätsel gibt übrigens Agatha Christies Picknickkorb auf, der im Depot eines Londoner Museums ruht. Statt Melamingeschirr und kariertem Tuch finden sich darin einige 4.000 Jahre alte Tonscherben, ein Türknauf, ein Zeitungsblatt und ein Schlüssel. Der berühmten Autorin allerdings hat das gute Stück wahrscheinlich gar nicht gehört, sondern der zweiten Ehefrau ihres zweiten Ehemannes, des Archäologen Sir Max Mallowan.

ENTZÜCKEND, BABY!

Glatze, Sonnenbrille und Lolli im Mund – das kann nur Lieutenant Theo Kojak sein. Mit einer guten Portion zynischem Humor, gesundem Menschenverstand und teuren Anzügen der New Yorker Marke Botany 500 ausgestattet – löst er die Fälle des Großstadt-Dschungels von Manhattan auf unkonventionelle Art. Zwischen Chinatown und East River taucht der Grieche dazu selbst ab in die dunkelsten Ecken der Stadt und setzt auf Lockvögel wie seine Assistenten Crocker und Stavros.

Zunächst war die Serie mit einem Zigaretten, Zigarren und Zigarillos rauchendem Kojak gestartet, der gerne schwarzen Kaffee trinkt. Zwei Laster, die dem Darsteller übrigens auch privat zugeschrieben werden. Da sich der Schauspieler Telly Savalas nach und nach das Rauchen mit Lollis abgewöhnte, setzte man ab der zweiten Staffel ebenfalls in der Serie süße Lutscher statt Glimmstängel ein. Meist sieht man den Lieutenant mit roten Kirschlollis statt Fluppe. Hin und wieder sind im Übrigen auch Lollipops mit Orangen- oder Colageschmack im Einsatz.

Dass Kojak auf Tabak verzichtete, wurde zunächst in der Öffentlichkeit sehr gelobt, denn das Gesundheitsbewusstsein der US-Amerikaner stieg seit den 1960er Jahren stetig an, aber bald klagten die Zahnärzte ob des Zuckerkonsums und forderten zuckerfreien Süßstoff für Kojaks neues Laster. Sogar Lolli-Hersteller, die sich seit Ausstrahlung der Serie über eine rege Lollipop-Nachfrage freuten, wurden erfinderisch und kreierten mit Marken wie »Kojak Zero« eine zuckerfreie und zahnschonende Lolli-Variante.

KOJAK-LOLLIS

ZUTATEN:

- **250 g Zucker**
- **7 EL Kirsch-, Orangen- oder Colasirup**
- **1 TL Zitronensaft**

Außerdem:

- **Backpapier**
- **Holz- oder Pappspieße**
- **Öl**

ZUBEREITUNG:

Den Zucker mit dem Kirschsirup und dem Zitronensaft in einem kleinen Topf vermischen und langsam einköcheln lassen, bis sie anzieht. Ggf. noch etwas Wasser zugeben, damit die Masse nicht anbrennt. Den Topf in einen größeren Topf mit heißem Wasser stellen, sodass die Masse geschmeidig bleibt. Nun zügig mit einem zunächst in Öl getauchten Löffel Lolli-Kleckse auf ein Backpapier geben.

In jeden Klecks einen Holz- oder Pappspieß geben. Die Lollis fest werden lassen und von dem Backpapier abnehmen.

In ein Glas stellen oder in einer Dose aufheben.

ERDBEER SCONES

ZUTATEN FÜR 18 STÜCK:

- 120 g frische oder gefrorene Erdbeeren
- 600 g Mehl
- 2 TL Backpulver
- 60 g Zucker
- 120 g kalte Butter
- 2 Eier
- 200 ml Milch
- etwas Zitronenabrieb
- Mehl für die Arbeitsfläche

Für die Glanzstreiche:

- 1 Eigelb mit 1 EL Wasser verquirlt

ZUBEREITUNG:

Die Erdbeeren putzen und vierteln. Den Backofen in der Zwischenzeit auf 220 Grad Celsius Ober-Unterhitze vorheizen. Mehl, Backpulver und Zucker in eine Schüssel geben und die kalte Butter stückchenweise zugeben und unterkneten. Die Eier, die Milch und den Zitronenabrieb zugeben und zügig zu einem glatten Teig verkneten.

Die Erdbeerstücke locker mit einarbeiten und den Teig auf einer bemehlten Arbeitsfläche mit einem bemehlten Nudelholz zwei bis drei Zentimeter dick ausrollen. Nun mithilfe eines Scones-Ausstechers oder eines Glases circa 6 cm große Formen oder Kreise ausstechen.

Die Scones auf ein mit Backpapier ausgelegtes Backblech geben und mit dem verquirlten Eigelb bestreichen. Bei 220 Grad Celsius gute 15-20 Minuten backen lassen. Die Oberfläche sollte goldgelb sein.

TIPP:

Mit Clotted Cream servieren.

KIRSCHKUCHEN NACH ENID BLYTON

ZUTATEN FÜR 1 KUCHENFORM:
(à 26-28 cm Ø oder zwei kleine Pie-Formen à 18-20 cm Ø)

- **225 g weiche Butter**
- **175 g feiner Zucker**
- **175 g Mehl**
- **3 Eier**
- **175 g Kirschen (entspricht einem halben Glas abgetropfter eingemachter Ware)**
- **je nach Konsistenz 3-4 EL Milch**
- **Einige Tropfen Vanille-Essenz**
- **Fett und Grießmehl zum Ausstreuen der Backform**

ZUBEREITUNG:
Die Butter mit dem Zucker schaumig aufschlagen und die Eier nacheinander aufschlagen und zugeben. Das Mehl ebenfalls sukzessive unterrühren und zuletzt die Vanille-Essenz zugeben.

Den Teig in die gefettete und ausgestreute Backform geben, die Kirschen gleichmäßig auf dem Teig verteilen und bei 180 Grad Celsius Ober-Unterhitze gut 40 Minuten (große Kuchenform) oder 30 Minuten (kleine Kuchenformen) backen.

TIPP:
Der Kuchen kann auch mit anderem Obst wie Apfelstücken zubereitet werden. Wenn mehr als 175 g Obst aufgelegt werden, dann empfiehlt es sich allerdings, dem Teig einen gestrichenen TL Backpulver zuzugeben.

POISON!

SCOTCH EGGS

ZUTATEN FÜR 1 PERSON:

- **2 Eier**
- **180 g gemischtes Hackfleisch**
- **1 EL Anchovi-Essenz oder Senf**
- **3 EL Mehl**
- **3 EL Semmelbrösel**
- **Salz und Pfeffer**
- **Öl zum Anbraten**

ZUBEREITUNG:

Eines der beiden Eier möglichst weich kochen (4-5 Minuten), in kaltem Wasser abschrecken und vorsichtig schälen. Das Hackfleisch salzen, pfeffern und auf einem Teller etwas flachdrücken. Das gekochte Ei in etwas Mehl wenden und in die Mitte des Hackfleischs geben. Das Hackfleisch um das Ei herum gleichmäßig verteilen und andrücken.

Das zweite Ei verquirlen und in einen tiefen Teller geben. Das ummantelte Ei durch das verquirlte Ei ziehen und dann in den Semmelbröseln wenden. Auf einem Teller etwa 30 Minuten im Kühlschrank ruhen lassen.

Einen Topf oder eine hohe Pfanne etwa 2 cm hoch mit Öl füllen und erhitzen. Sobald das Fett heiß ist, das ummantelte Ei von allen Seiten darin anbraten und die Hitze etwas reduzieren. Das Ei ist fertig, wenn es ringsum goldbraun ist.

PORK PIE

ZUTATEN FÜR 4 PASTETEN Ø 5-6 CM:

Für den Teig:
- **125 ml Wasser**
- **90 g Butterschmalz**
- **300 g Weizenmehl**
- **¼ TL Salz**

Für die Füllung:
- **200 g Schweinebauch (ohne Schwarte)**
- **200 g Schweinehack**
- **125 g geräucherter Speck**
- **1 fein gewürfelte Zwiebel**
- **1 Knoblauchzehe**
- **2 TL Thymianblätter**
- **ein kleiner Bund gehackte Petersilie**
- **Salz und Pfeffer**
- **1 TL zerstoßener Kümmel**

Für den Aspik:
- **150 ml Hühnerbrühe oder trockener Apfelwein**
- **3 Blatt Gelatine**

Außerdem:
- **1 verquirltes Ei zum Bestreichen**
- **4 Gläser mit 5-6 cm Ø**
- **Mehl für die Arbeitsplatte**

ZUBEREITUNG:
Wasser und Butterschmalz erwärmen. Mehl und Salz langsam zur Flüssigkeit geben und mit den Händen zu einem geschmeidigen Teig kneten. Diesen in vier Portionen teilen. Jeweils einen kleinen Teil davon für den Pie-Deckel abtrennen und auf einer bemehlten Arbeitsplatte zu Kreisen von circa 8 cm Durchmesser ausrollen. In der Mitte ein kleines Loch (1-2 mm) hineinstanzen. Die größeren Teigportionen zu Kreisen von 12 cm Durchmesser ausrollen und über die Unterseite der auf den Kopf gestellten Gläser stülpen, sodass kleine Becher entstehen. Alles für eine gute Stunde kühl stellen.

Für die Füllung Schweinebauch und Speck in Würfel schneiden und in einer Schüssel mit dem Hack, den Zwiebeln und den Gewürzen mischen.

Gläser und Teig aus dem Kühlschrank nehmen und etwas heißes Wasser hineinfüllen. Der Teig löst sich nun gut vom Glas. Die Fleischfüllung in die Mitte der Teig-Becher geben, anschließend den Deckel aufsetzen und am Rand andrücken. Die Pies rundum mit dem verquirlten Ei bestreichen und auf ein mit Backpapier ausgelegtes Backblech setzen. Im vorgeheizten Backofen bei 200 Grad Ober-Unterhitze gut 45 Minuten goldbraun backen lassen.

Für den Aspik Hühnerbrühe erhitzen. Die Gelatine nach Packungsangabe auflösen, ausdrücken und in die Brühe rühren, bis sie sich aufgelöst hat. Nach dem Backvorgang den flüssigen Aspik in die Pie-Öffnungen gießen und erkalten lassen.

ABGANG AM ABEND

DINNER

»Wenn man ein Verbrechen wie ein Abendessen bestellen kann, was würden Sie wählen? … Sehen wir uns das Menü an. Raub? Betrug? Nein, ich glaube nicht. Eher zu vegetarisch. Es muss Mord sein – blutiger Mord – natürlich mit Beilage.«

(Agatha Christie)

DIE KLEINEN GRAUEN ZELLEN IM EIERKOPF

»Ein Jammer«, murmelte Poirot vor sich hin, »dass man nur dreimal am Tag essen kann.«
(Vier Frauen und ein Mord)

Hercule Poirot ist ein Exot, vom Krieg entwurzelt, seiner Heimaterde beraubt und in fremdem Boden wieder eingepflanzt. Der ehemalige belgische Polizist ist mit der großen Flüchtlingswelle im Ersten Weltkrieg an die weißen Steilklippen Englands gespült worden. Nur etwa 20 Meilen breit ist der Ärmelkanal, der die beiden Länder trennt, doch was die Lebensart angeht, liegen wahrlich Welten dazwischen – besonders in kulinarischer Hinsicht.

Agatha Christies Detektiv ist ein penibler Geck, mit pomadiertem – später gar gefärbtem – schwarzem Haar auf dem Eierkopf, klein an Wuchs, aber reich ausgestattet mit einer ordentlichen Portion Eitelkeit und einem übergroßen Ego. Sein enormer Schnurrbart ist zu einem wahren Kunstwerk zurechtgezwirbelt und ist ein Sinnbild für das, was sein Leben bestimmt: Ordnung, Logik und Symmetrie sind seine Götter. Zum Frühstück isst er zwei gekochte Eier – aber nur, wenn die beiden exakt die gleiche Größe haben! Und an der englischen Küche verzweifelt er. Eine seiner Zufluchten ist ein französisches Lokal in London:

»Er war immer schon ein Mann gewesen, der seinen Magen ernst nahm. Essen war ihm nicht nur ein körperliches Vergnügen, sondern auch eine geistige Herausforderung«, heißt es in dem Roman Vier Frauen und ein Mord (Mrs McGinty's Dead, 1952). »Denn zwischen den Mahlzeiten verbrachte er ziemlich viel Zeit damit, mögliche Quellen neuartigen und köstlichen Essens ausfindig zu machen und sich vorzumerken. *La Vielle Grand'mère* war das Ergebnis einer seiner Forschungsreisen, und *La Vielle Grand'mère* hatte das Gütesiegel von Hercule Poirots gastronomischer Billigung erhalten.«

In seiner neuen Heimat England macht er sich einen Namen als Detektiv, rettet den entführten Premierminister, klärt spektakuläre Mordfälle in den höchsten Kreisen auf, im Adel und in der Hochfinanz. Er löst vertrackte Mordfälle mithilfe der berühmten »grauen Zellen« auf seinen Reisen nach Ägypten, Mesopotamien und in die Schweiz, ermittelt auf Kreuzfahrtschiffen, in Flugzeugen und sogar im berühmten Orient Express. Wo immer er auch ist, erhält er Einblicke in die Landesküche und kehrt doch immer wieder nach England zurück. In das Land der plumpen Pies, des zerkochten Gemüses und der faden Soßen.

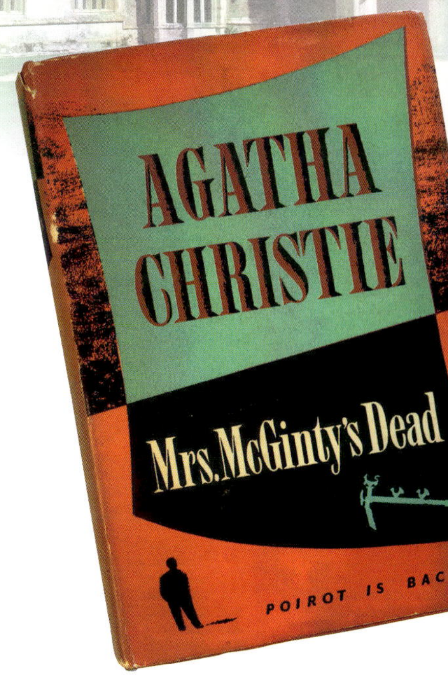

Mrs McGinty war eine neugierige alte Frau, genau wie in dem schaurigen Kinderreim: »Mrs McGinty's dead, how did she die? Sticking her neck out, just like I.«

Hercule Poirot (hier dargestellt von Albert Finney) liebt das Reisen, auch wenn ihn dabei meistens der Tod begleitet. Ob auf dem Nildampfer oder im Orient Express – mindestens ein Mörder ist immer mit an Bord.

Als ihn eines Tages der Mord an der alten Putzfrau Mrs McGinty in das kleine Nest Broadhinny in Devon führt, erwartet ihn im zugigen Gästezimmer des heruntergekommenen Landhauses Long Meadows eine harte Prüfung. Für sieben Guinees die Woche bekommt er hier beim Ehepaar Summerhayes Kost und Logis. Die verstaubte Einrichtung, die quietschenden Bettfedern, die Hundehaare und die Hühnerfeder sind das eine – die Verpflegung aber ist nicht weniger als die kulinarische Hölle:

»Hercule Poirot las die Bohnen vom Fußboden auf, auf dem sie weit verstreut lagen. Als er eben damit fertig war, kam Mrs Summerhayes wieder durch die Tür.

Er übergab sie ihr höflich:

›Voici, Madame.‹

›Ach, danke vielmals. Sagen Sie, diese Bohnen sehen doch ein bisschen schwarz aus. Wir lagern sie in Steinkrügen, müssen Sie wissen, eingesalzen. Aber diese scheinen irgendwie schlecht geworden zu sein. Ich glaube, die werden nicht sehr gut schmecken.‹

Als Poirot ihr den Grund für seinen Besuch im Dorf verrät, erschrickt seine Pensionswirtin so sehr, dass sie sich in den Finger schneidet.

›Huh‹, sagte Mrs Summerhayes und lenkte ihre Aufmerksamkeit von Poirot auf die Schüssel in ihrem Schoß. ›Jetzt blute ich über die Bohnen. Nicht so angenehm, da wir sie zu Mittag essen wollen. Aber es wird schon nichts ausmachen, denn ich werfe sie ja in kochendes Wasser. Die Dinge sind immer in Ordnung, wenn man sie kocht. Selbst Konserven.‹

›Ich glaube‹, sagte Hercule Poirot betont ruhig, ›dass ich zum Mittagessen nicht hier sein werde.‹«

Das Opfer ist im Übrigen mit einer höchst ungewöhnlichen Waffe umgebracht worden: »Man hatte sie mit einem Gegenstand, einer Art Fleischhacke mit einer sehr scharfen Schneide, auf den Hinterkopf geschlagen.« Diese ominöse Fleischhacke entpuppt sich schließlich als ein orientalischer Zuckerhammer, ein überaus solides Gerät zum Zertrümmern von großen Zuckerklumpen. Nicht gerade das, was man in jedem Haushalt findet, aber doch etwas, was die Autorin Agatha Christie bei ihren vielen Reisen zu den Ausgrabungen im Vorderen Orient kennengelernt haben dürfte.

Einen orientalischen Zuckerhammer vom Weihnachtsbasar kann man im Haushalt zu nichts gebrauchen, außer …

Nun, Poirot löst natürlich auch diesen Fall mit Bravour. Und am Ende macht er sogar seinen Frieden mit seiner Gastgeberin, die ihn mit ihrem chaotischen Haushalt den letzten Nerv gekostet hat:

»O ja, wir sind die besten Freunde. Und ich habe Mrs Summerhayes ein Kochbuch geschenkt und ihr auch beigebracht, wie man ein Omelette macht. Bon dieu, wie habe ich in dem Haus gelitten!«

Ein Omelette – eine einfache Speise aus Hercule Poirots früherem Leben, aus dem frankophonen Sprachraum jenseits des Ärmelkanals. Eine Erinnerung an seine Heimat Belgien, in der übrigens seit 1995 die *Confrérie des Chevaliers de l'Omelette Géante* jeden August ein großes Fest mit einem Riesenomelette aus 10.000 Eier feiert.

Von dieser Art chaotischer Ausflüge aufs Land erholt sich Poirot stets in seiner streng symmetrisch durchgestylten Wohnung in *Whitehaven Mansions,* einem Art-Deco-Wohnblock in London, für dessen Darstellung in der Fernsehserie Agatha Christie's Poirot das Gebäude *Florin Court* am Charterhouse Square im Stadtteil Smithfield verwendet wurde. Von 1989 bis 2013 stellte der englische Schauspieler David Suchet in 70 Folgen auf unnachahmliche Weise den genialen belgischen Detektiv dar, dessen höchste Prinzipien »Ordnung und Methode« heißen.

SÜSSES GIFT OHNE TÖDLICHE WIRKUNG

Im Allgemeinen mag Poirot es besonders süß: als Poirots emblematisches Getränk gilt zweifellos farbig schillernder, süßer Likör.

»Ich werde ein Glas Sirop de Cassis nehmen – die Engländer schätzen so etwas nicht, habe ich festgestellt«, sagt er in Der Wachsblumenstrauss (After The Funeral, 1953), während er Inspector Morton ein Bier anbietet. Liqueur Framboise (Himbeerlikör), Crème de Menthe, ein zumeist grüner Pfefferminzlikör, und Crème de Mûre (Brombeerlikör) zählen zu seinen bevorzugten alkoholischen Getränken.

Der beliebte Johannisbeerlikör Sirop de Cassis wird von ihm am häufigsten getrunken. Vielleicht aber wurde Crème de Menthe im Zusammenhang mit dem kleinen belgischen Detektiv deshalb so berühmt, weil er diesen in mehreren Verfilmungen (zum Beispiel Mord im Orient-Express, 1974) häufiger zu sich nimmt – schließlich lässt sich das grüne Getränk wunderbar filmen.

Normale Liköre müssen nur 100 Gramm Zucker je Liter aufweisen, bei Crème dagegen müssen es mindestens 250 Gramm sein. In den 33 Poirot-Romanen und den Kurzgeschichten über ihn wird diese Spezialität zwar erwähnt, aber nicht so oft wie man annehmen möchte.

Sehr oft trinkt Poirot dagegen Tisane, womit Früchte- oder Kräutertees gemeint sind – dies aber wohl vor allem aus gesundheitsfördernden Gründen, dies gilt auch für den von ihm geschätzten Gerstensud. In Sachen Genuss schwört er auf heiße Schokolade, und zwar richtig dickflüssige. Bier und Whisky vermeidet er dagegen, Kaffee und Tee nimmt er nachmittags nicht zu sich (und entkoffeinierter Kaffee ist für ihn eine Abscheulichkeit).

Hercule Poirot löst seine Fälle mit Ordnung und Methode. Und nur ein Tag, der mit zwei exakt gleich großen Frühstückseiern beginnt, ist ein guter Tag.

OMELETTE AUX FINES HERBES

ZUTATEN FÜR 1 OMELETTE:
(ausreichend für 2 Personen)

- **5 Eier Größe M**
- **60 ml geklärte Butter**
- **Salz, Pfeffer**
- **1 Bund feine Kräuter (Kerbel, Schnittlauch, Estragon, Petersilie)**

ZUBEREITUNG:
Zunächst die Kräuter von den Stielen zupfen und einzeln blanchieren, in Eiswasser kühlen, ausdrücken und fein hacken. Die Eier in einer Schüssel verschlagen, die Kräuter zugeben und mit Salz und Pfeffer würzen. Die geklärte Butter (50 ml) lauwarm zugeben und alles abermals verrühren.

Die Omelette-Mischung in eine heiße gefettete Pfanne geben und bei mittlerer Temperatur langsam stocken lassen. Sobald sich der Boden abheben lässt, das Omelette in der Mitte zusammenklappen und zu Ende garen lassen.

Ein klassisches Omelette ist innen noch etwas flüssig und außen noch nicht braun. Etwas geklärte Butter auf die Oberfläche streichen und mit frischen gehackten Kräutern dekorieren.

M. HERCULE POIROT
56B WHITEHAVEN MANSIONS
SANDHURST SQUARE
LONDON W1
TELEPHONE - TRA 8137
PRIVATE DETECTIVE

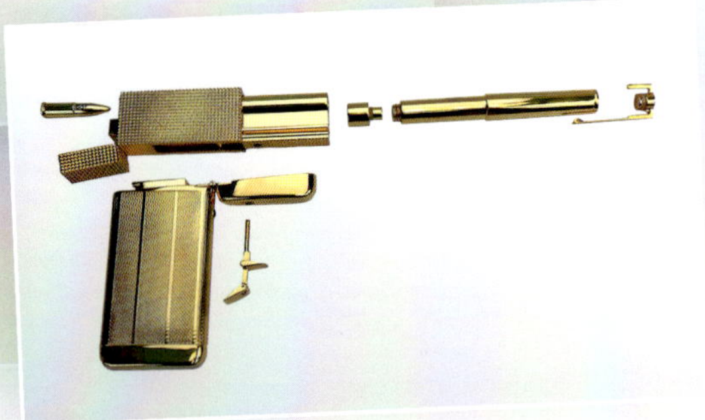

Mit diesem Colt kommt der Auftragskiller Scaramanga durch jede Gepäckkontrolle: zusammengesetzt aus Füller, Feuerzeug, Zigarettenetui und Maschettenknöpfen.

die Klinge springen sollte. Denn er war fest davon überzeugt, dass er das fünfundvierzigste Lebensjahr nicht erreichen würde«, heißt es im Roman MONDBLITZ (MOONRAKER, 1955).

Schauplätze im Buch und im Film – im einen die Weißen Klippen von Dover, im anderen muss es mindestens das Weltall sein. Ob es dort oben auch Astronautennahrung gibt?

Auch kulinarisch liebt es Commander Bond luxuriös: Champagner und Kaviar gehören einfach zu dieser Figur dazu, die das Jagen und Töten ebenso genießt wie auch das Essen und Trinken – immer gerne mit einem schönen weiblichen Wesen. Der Hinweis, dass Bonds Idealfrau »eine Sauce bearnaise genauso gut machen können sollte wie die Liebe«, zeichnet im Roman DIAMANTENFIEBER (DIAMONDS ARE FOREVER, 1956) in dieser Hinsicht ein deutliches Bild.

All diese Attribute, mit denen Flemings Romane ausgestattet waren, lassen den Schluss zu, dass der Autor sich regelrecht in eine Traumwelt hineinschrieb. Immer häufiger verquickte er Fiktion und Realität, bewohnte dieselbe Londoner Wohnung wie sein Bösewicht Hugo Drax, baute das Haus *Goldeneye* auf Jamaica und später das Anwesen des Schurken unter den weißen Klippen von Dover. Bonds Dauergegner Ernst Stavro Blofeld bescherte er ein Geburtsdatum, das sein eigenes war: der 28. Mai 1908.

Was in den Büchern entstand, trieb in den Verfilmungen, die ab den Sechzigern realisiert wurden, immer buntere Blüten: Die Frauen, die Autos, die exotischen Kulissen ... alles wurde stets schneller, glamouröser, lauter, glitzernder. Die Bond-Filme sind perfekt modellierte Hochglanz-Männerträume.

Es wird viel gespeist in den Romanen: Kaviar, Tournedos, Artischockenherzen, Kalbsnieren mit Pommes Soufflés, Walderdbeeren mit Sahne, Avocado mit French Dressing, Muscheln, gebratenes Hühnchen Maryland, Räucherlachs, Steak

(Brizzola's cut), Räucherschinken mit Pfirsich, Hummer, frische Krabben, dazu Champagner …

Bei seinen abenteuerlichen Reisen rund um den Erdball ist Bond zwar den jeweiligen Landesküche nicht abgeneigt, aber manchmal ist er dankbar für Bewährtes. Mit »Eggs Benedict« kann man ihm immer und überall und zu jeder Tages- und Nachtzeit eine Freude machen:

»Zu Bonds unsäglicher Erleichterung waren sie in dieser Nacht im schicksten Hotel Kyotos, dem Miyako, untergebracht. Das bequeme Bett, die Klimaanlage und die Toilette im westlichen Stil, auf der man tatsächlich sitzen konnte, waren zu schön, um wahr zu sein. Noch besser war, dass Tiger sagte, er müsse leider mit dem Polizeichef der Präfektur zu Abend essen und Bond befahl, sich ein Pint Jack Daniels und eine doppelte Portion Eier Benedict auf sein Zimmer bringen zu lassen«. MAN LEBT NUR ZWEIMAL (YOU ONLY LIVE TWICE, 1964)

In MONDBLITZ sind James Bond und die schöne Agentin Gala Brand gerade knapp dem Tod entgangen, als ein tonnenschwerer Teil der berühmten weißen Klippen von Dover beinahe am Strand auf sie gestürzt wäre.

VEILCHENPASTILLEN

ZUTATEN:

- **110 g Zucker**
- **4 EL Wasser**
- **10 Tropfen Veilchenöl oder -wasser**
- **Blaue Lebensmittelfarbe**

ZUBEREITUNG:

Zucker und Wasser in einen Topf geben und unter stetigem Rühren erhitzen. Das Veilchenöl und die Lebensmittelfarbe (nach Gusto) zugeben. Sobald die Masse anzieht, diese auf ein Backpapier streichen. Bevor sie fest wird, in Stücke schneiden und aushärten lassen.

EIN SCHURKE MIT BLUMIGEM GEHEIMNIS

»Er öffnete den Deckel mit seinem Daumennagel, holte ein nach Veilchen duftendes Cachou heraus und steckte es sich in den Mund. Es war seine Gewohnheit, sich den Atem zu versüßen, wenn unangenehme Dinge gesagt werden mussten.« (FEUERBALL / THUNDERBALL, 1961)

Der größenwahnsinnige Bösewicht Ernst Stavro Blofeld versetzt in mehreren James-Bond-Romanen und -Filmen die Welt in Angst und Schrecken. Als Oberhaupt der Verbrecherorganisation SPECTRE verfügt er über eine regelrechte Privatarmee. Seinen ersten Auftritt hat er im Roman FEUERBALL. Er ist ein Meister der Verkleidung und lässt sich mehrfach das Gesicht operieren. Ein knallharter Mann, so will es scheinen, und dennoch krault er im Film gerne plüschige Katzen und ist im Roman einem speziellen süßem Zuckerzeug nicht abgeneigt: Ein ganz und gar unmännlicher Hauch von Veilchenduft umgibt den Erzschurken, denn er lutscht Veilchenpastillen, wie sie beispielsweise von der britischen Firma Swizzles Matlow unter dem Namen PARMA VIOLETS hergestellt werden, benannt nach der Veilchen-Sorte.

Nachdem Bond ihm um die halbe Welt gejagt hat, zieht sich Blofeld in MAN LEBT NUR ZWEIMAL (YOU ONLY LIVE TWICE, 1967) in ein parkähnliches Refugium in Japan zurück und umgibt sich mit Schlangen, Giftspinnen und Skorpionen. Doch Bond findet ihn. Und obwohl man »zweimal lebt«, ist doch irgendwann auch für den größten Bösewicht das Ende gekommen.

Den Namen Blofeld entlieh sich Fleming beim Vater des britischen Sportjournalisten Henry Blofeld, der mit ihm zusammen das Eton College besuchte.

SEAN
CONNERY
IS JAMES
BOND!
IAN FLEMING'S
"YOU
ONLY
LIVE
TWICE"
ALBERT R. BROCCOLI HARRY SALTZMAN
HARRY SALTZMAN · JOHN BARRY · KEN ADAM
PANAVISION TECHNICOLOR UNITED ARTISTS
FLEMING
YOU ONLY LIVE TWICE
YOU ONLY LIVE TWICE

Davon muss man sich erst mal erholen: »Einem heißen Bad und einer Stunde Erholung im komfortablen Granville Hotel waren zwei steife Brandy Soda für Gala und drei für Bond gefolgt, danach köstliche gebratene Dover Schollen mit Welsh Rarebits und Kaffee. Und jetzt, als sie sich voller Zuversicht dem Haus näherten, sah man ihnen auf den ersten Blick nicht an, dass sie beide todmüde und unter ihrer Kleidung nackt und zerschunden waren.«

Zusammenfassend kann man sagen, dass es bei all den vielen Köstlichkeiten wohl bitter nötig ist, dass Bond seinen Körper durch gelegentliches Tauchen und Faustkämpfe und durch die ein oder andere halsbrecherische Kletterpartie in Form hält.

Nur der beste Tropfen für den besten Mann beim Geheimdienst. James Bond ist ein Gourmet durch und durch.

EIN EISKALTER TYP

Der Martini verdient den Titel »Berühmtester Drink der Welt der Kriminalliteratur«. Normalerweise wird er tatsächlich gerührt, durch das Schütteln im Shaker mit Eis (das später abgefiltert wird) kommt er deutlich kühler ins Glas (allerdings auch etwas wässriger).

Kulinarisch gesehen ist die wirkliche Leistung von Bonds Autor Ian Fleming allerdings ein anderer Cocktail, der in Casino Royale, dem 1953 ersten Roman der Serie um den Agenten im Geheimdienst ihrer Majestät. Dort findet sich folgender Dialog im siebten Kapitel:

»Einen trockenen Martini«, sagte er. »Einen – in einem tiefen Sektkelch.«

»Oui, Monsieur.«

»Einen Moment. Drei Maß Gordon's, ein Maß Wodka und ein halbes Maß Kina Lillet. Gut schütteln, bis es eiskalt ist und dann ein langes dünnes Stück Zitronenschale dazu. Mitbekommen?«

Ein wenig später erläutert er seine Trinkgewohnheiten: »Ich genehmige mir niemals mehr als einen Drink vor dem Abendessen. Aber dieser sollte groß, sehr stark, sehr kalt und sehr gekonnt zubereitet sein. Ich hasse kleine Portionen, von allem, vor allem wenn sie schlecht schmecken. Dieser Drink ist meine eigene Erfindung. Ich werde ihn patentieren lassen, sobald mir ein guter Name eingefallen ist.« Nun ja, Bond wird später ein guter Name einfallen – nämlich der seiner geliebten Vesper Lynd, weswegen dieser Cocktail als *Vesper Martini* bekannt geworden ist. Kina Lillet gibt es leider nicht mehr, aber man kann ihn mit Quinquina ersetzen. Britische Wissenschaftler berechneten aufgrund der von Fleming verfassten 12 Romane und neun Kurzgeschichten dass er 007 viermal so viel trinke, wie es für Männer ratsam sei, und dass er eigentlich einen alkoholbedingten Tremor haben müsste. Cheers!

DOVER SCHOLLE
MIT WELSH RAREBITS

ZUTATEN FÜR 2 PERSONEN:

- **1 TL Butter**
- **100 g walisischen Farmerkäse oder Cheddar (gerieben)**
- **30 ml Ale oder Milch**
- **1 Messerspitze milder Senf**
- **Salz und Pfeffer**

- **4 Scheiben Toast oder Brot**
- **2 Tomaten**
- **2 Schollenfilets**
- **1 EL Öl**
- **Salz und Pfeffer**

ZUBEREITUNG:
Für die Rarebits die Butter in der Pfanne schmelzen lassen und den geriebenen Käse zugeben. Mit dem Ale oder der Milch bei geringer Hitze aufrühren, Senf zugeben und mit Salz und Pfeffer abschmecken.

Die Brotscheiben toasten und die Käsemasse aufstreichen. Unter dem Backofengrill goldbraun überbacken.

In der Zwischenzeit die Scholle trockentupfen und in der Pfanne in heißem Fett knusprig braten.
Mit den aufgeschnittenen Tomaten servieren.

POCHIERT, NICHT GERÜHRT

»Die Eier kamen und waren gut. Die Mousseline-Sauce könnte bei Maxim gemischt worden sein. Bond hatte das Tablett entfernt, schenkte sich einen letzten Drink ein und machte sich bettfertig.«
»Der Mann mit dem goldenen Colt« (The Man With The Golden Gun, 1965)

Hat ein Geheimagent einen solchen Berühmtheitsgrad erreicht wie James Bond, ist er alles andere als geheim, sondern so bekannt wie der Papst, Charlie Chaplin und die Queen zusammen. Dabei hat es eher unauffällig begonnen: Als Bond 1953 seinen ersten literarischen Auftritt hat, tut er brav seinen Dienst im britischen Secret Service, der sich auf den ersten Blick profaner darstellt als es die Doppel-Null vor der Personenkennziffer (mit der man zum Töten berechtigt ist) vermuten lässt. In dem großen, grauen Gebäude am Regent's Park, an dessen Eingangstür zahlreiche falsche Firmenschilder die wahre Bestimmung verschleiern, wartet auf seinem Büroschreibtisch am Morgen stets eine Menge Arbeit: Post, Fotos, Berichte und große Aktenstapel, die es abzuarbeiten gilt, prall gefüllt mit Informationen, die auf dem Weg ins Archiv bei ihm Station machen. Auf seinem Tisch stehen drei Telefone: Ein schwarzes für Anrufe von auswärts, ein grünes Haustelefon und ein rotes. Und wenn letzteres klingelt, geht es hinauf in den neunten Stock, wo die Sekretärin Miss Moneypenny ihn erwartet und zum Geheimdienstchef M durchschickt. Und dann geht es los ...

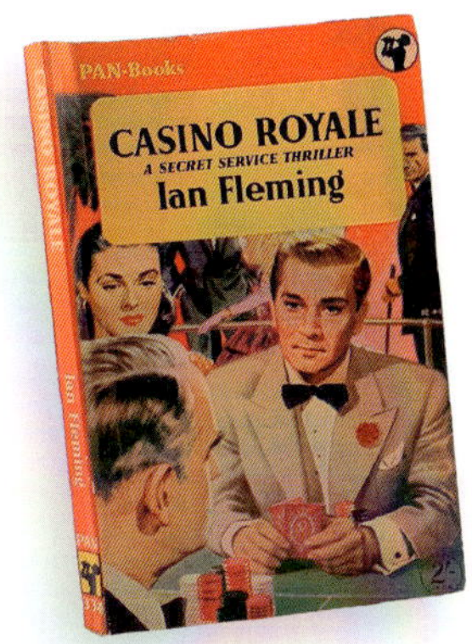

Ian Fleming, der im Zweiten Weltkrieg selbst Geheimdienstmitarbeiter war, hat sich beim Protagonisten seiner zwölf Romane und zwei Kurzgeschichten-Anthologien von mehreren realen britischen Offizieren, Spionen und Hochstaplern inspirieren lassen. Den Namen James Bond übernahm Fleming als begeisterter Vogelbeobachter von dem gleichnamigen berühmten Ornithologen.

Bond trägt maßgeschneiderte Anzüge, kostbare Uhren und fährt teure Autos. Seine Wohnung in der King's Road (nebst ältlicher Haushälterin) ist luxuriös und mit seinem gehobenen Beamtengehalt von 1500 Pfund im Jahr kommt er hin – es gibt noch ein paar steuerfreie Nebeneinkünfte.

»Es war sein Ehrgeiz, so wenig wie möglich auf seinem Bankkonto zu haben, wenn er eines Tages über

ASTON

5
A
50000
100000
100000
A
50000
1000

EGGS BENEDICT
MIT SAUCE MOUSSELINE

ZUTATEN FÜR 2 PERSONEN:

- **2 Eier**
- **2 Scheiben Toastbrot oder Toast-Brötchen**
- **2 Scheiben Speck**
- **Sauce hollandaise (Fertigprodukt oder bereits nach Grundrezept vorbereitet und mit etwas Sahne, Weißwein und Estragon abgeschmeckt)**
- **3 EL Essig**
- **500 ml Wasser**
- **500 ml kaltes Salzwasser**
- **frische Kräuter und etwas Salat für die Dekoration**

ZUBEREITUNG:

Das Wasser mit dem Essig in einem Topf zum Kochen bringen. In der Zwischenzeit ein Ei in eine Suppenkelle aufschlagen und diese, sobald das Wasser heiß genug ist, hineingleiten lassen. Mit der Kelle das Ei etwas zusammenhalten, während es stockt. Das Ei gute 4 Minuten im leicht köchelnden Wasser ziehen (pochieren) lassen. Anschließend in eine Schüssel mit kaltem Salzwasser gleiten lassen. Mit dem zweiten Ei ebenso verfahren.

Die Toastscheiben rösten und den Speck in einer Pfanne anbraten. Die Sauce hollandaise erwärmen. Die Speckstreifen auf frisch getoasteten Brotscheiben platzieren. Die Eier vorsichtig darauflegen und die Sauce hollandaise darübergeben. Mit frischen Kräutern und Salatbouquet garnieren.

DER ÜBLICHE STUMPFE GEGENSTAND

»Die Kellertreppe, der Lichtschalter,
die Tiefkühltruhe, die Hand,
die in der Truhe den ersten besten
Gegenstand ergriff.
Sie nahm ihn heraus und
betrachtete ihn.
Er war in Papier gewickelt...
Eine Lammkeule. Nun gut,
dann würde es Lamm
zum Abendessen geben.«
(Roald Dahl, Lammkeule /
Lamb to the Slaughter, 1953)

Machen wir uns nichts vor – eigentlich handelt es sich schlicht und ergreifend um den üblichen, in unzähligen Kriminalromanen immer wiederkehrend eingesetzten »stumpfen Gegenstand«, aber trotzdem ist es wohl eine der absonderlichsten Mordwaffen überhaupt. Eine Lammkeule aus dem Gefrierfach ist sicherlich nicht besonders handlich, aber wenn Eiseskälte und unbändige Wut sich miteinander verbünden, kann sie – selbst von zarter Frauenhand geführt – den Tod im wahrsten Wortsinn schlagartig herbeiführen.

Den plumpen Witz, was Patrick Maloney wohl als Letztes durch den Kopf geht, als seine Frau Mary ihn von hinten zuschlägt, sparen wir uns. Verdient hat er den Tod jedenfalls, denn er will sich von ihr trennen, dabei ist sie hochschwanger. Vielleicht gehen ihr auch deshalb so rasch die Nerven durch.

Ersonnen hat die berühmte Kriminalgeschichte mit dem Titel Lammkeule (Lamb to the Slaughter) im Jahr 1953 niemand Geringeres als Roald Dahl, der Meister des schwarzen Humors. Dem gebürtigen Waliser wurde der Sinn für das Makabre offenbar in die Wiege gelegt. Er musste die Schule wechseln, nachdem er im Süßigkeitentopf einer Gemischtwarenhändlerin eine tote Maus versteckt hatte. Auf der weiterführenden Schule inspirierte ihn die regelmäßige Schokoladengabe der Firma Cadbury zu Testzwecken zweifellos zu seiner berühmten Geschichte Charlie und die Schokoladenfabrik, in der eine Besichtigungstour durch die titelgebende Fabrik für eine Handvoll Kinder zur lebensgefährlichen Prüfung wird: Sie erliegen ihrer Gier oder ihrer Vorliebe für ungesundes Essen. Sie stürzen in einen Schokoladenfluss, verwandeln sich in Obst, werden in den Müllschlucker geworfen oder werden monströs verkleinert.

Roald Dahl schrieb gleichermaßen genial für Kinder wie für Erwachsene. Er erfand schon 1943 die Gremlins, bösartige kleine Ungeheuer, die später durch mehrere Hollywoodfilme berühmt wurden. Sie entstehen aus den possierlichen kleinen Mogwais, wenn man diese nach Mitternacht füttert.

»Hören Sie, Mrs Maloney,
Ihr Ofen ist noch an,
und das Fleisch ist noch drin.«

Dahl verfasste Drehbücher für James Bond Filme, erfand das Wunderauto Tschitty Tschitty Bäng Bäng, und in seinem Buch Memories with Food at Gipsy House, das er mit seiner Frau Felicity schrieb, widmete er sich einer Mischung aus Rezepten, Familienerinnerungen und Betrachtungen zu seinen Lieblingsthemen wie Schokolade, Zwiebeln und Bordeauxwein.

Dem deutschen Lesepublikum ist er aber vor allem wegen seiner unnachahmlich grausigen Kurzgeschichten in Sammlungen wie Küsschen, Küsschen, ... und noch ein Küsschen oder Kuschelmuschel bekannt.

Aber zurück zur Lammkeule. Wer denkt, der Witz liege allein in der Wahl der absurden Mordwaffe, wird von der weiteren Entwicklung der Geschichte erneut überrascht. Gemeinhin ist das Verschwindenlassen des Tatwerkzeugs beinahe noch schwerer zu bewerkstelligen als die Tat selbst. Auch hier hat Roald Dahl einen garstigen Einfall. Die Lammkeule wird gewürzt und wandert in den Ofen. Dann geht Mary zum Lebensmittelhändler und plaudert mit ihm darüber, was sie für Patricks Abendessen zubereiten soll. Nach ihrer Rückkehr zu Heim und totem Ehemann ruft sie die Polizei.

Die Polizisten sind Freunde ihres Mannes und vermuten einen Einbruch. Und schließlich lädt Mary Maloney sie zur fertig geschmorten Lammkeule ein, »damit das Fleisch nicht verschwendet wird«.

Mit vollem Mund sinniert am Ende einer der Officer völlig ahnungslos über die unauffindbare Mordwaffe, die »wahrscheinlich direkt vor unserer Nase« liegt, und Mary beginnt leise zu kichern.

Alfred Hitchcock adaptierte dieses Juwel 1958 mit Barbara Bel Geddes und Harold J. Stone für seine Fernsehserie Alfred Hitchcock präsentiert. 1979 wurde Lammkeule erneut verfilmt. Dieses Mal mit Susan George und Brian Blessed für die britische Serie Die unglaublichen Geschichten von Roald Dahl. Und 1984 verarbeitete Pedro Almódvar das Motiv der von den Polizisten verspeisten Mordwaffe in seinem Film Womit hab' ich das verdient?

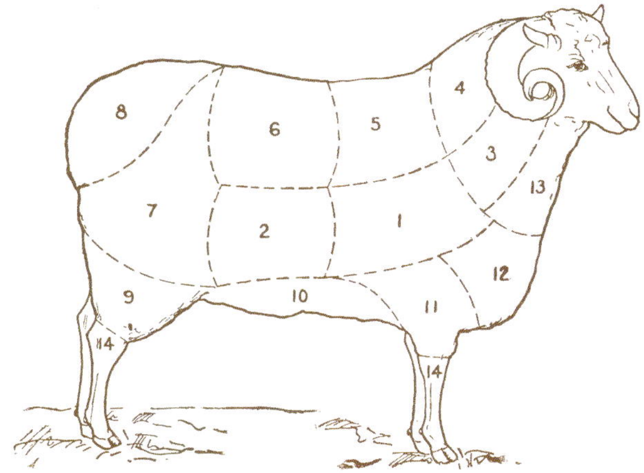

INTERESSE AM INNEREN SEINER MITMENSCHEN

Unter allen fiktiven Serienkillern gilt der von Thomas Harris in vier Romanen verewigte Hannibal Lecter wohl als der größte Feinschmecker. Gemäß einer Wahl des *American Film Institute* ist er zudem der böseste Schurke der Filmgeschichte.

Berühmt geworden ist vor allem auch die Szene in der Verfilmung Das Schweigen der Lämmer (The Silence Of The Lambs, 1991), als Lecter versucht, die von Jodie Foster gespielte FBI-Agenting Clarice Starling zu verunsichern, indem er erzählt: »Einer dieser Meinungsforscher wollte mich testen. Ich genoss seine Leber mit ein paar Favabohnen und einem ausgezeichneten Chianti.«

Im Buch war es allerdings kein Chianti, sondern ein Amarone. Beides sind berühmte italienische Rotweine, aber der Amarone, der aus getrockneten Trauben hergestellt wird, ist viel körperreicher und alkoholischer.

Interessant ist, dass in Lecters berühmtem Satz eine Botschaft versteckt ist. Es ist sehr wahrscheinlich, dass ihm MAOIs verschrieben wurden, Monoaminooxidase-Hemmer, die nicht nur gegen Depressionen, sondern auch gegen Zwangsstörungen eingesetzt werden. Zeitgleich dürfen Patienten allerdings keine Lebensmittel mit einem hohen Anteil Tyramin zu sich nehmen, da deren Zersetzung durch die MAOIs behindert wird, was unter anderem zu Organschädigung führen kann. Und welche Lebensmittel haben einen besonders hohen Tyramin-Gehalt: Leber, Bohnen und Wein. Da Hannibal Lecter VIII M.D. Psychiater ist, wird er genau das wissen. Somit könnte der Satz auch ein Hinweis an Starling sein, dass er seine Medikamente nicht eingenommen hat.

Lecters Kannibalismus wird im Übrigen darauf zurückgeführt, dass er als 11-Jähriger von litauischen Nazi-Kollaborateuren dazu gezwungen wurde eine Suppe zu essen, die aus seiner jüngeren Schwester gekocht wurde.

GESCHMORTE LAMMKEULE

ZUTATEN FÜR 4 PERSONEN:

- 1 Lammkeule (circa 700 g)
- 2 Knoblauchzehen
- 4 Schalotten
- 3 Zweige Rosmarin oder 3 Lorbeerblätter
- 2 Wacholderbeeren
- Fett zum Anbraten
- Fleischfond oder Brühe
- 100 ml Rotwein
- Salz, Pfeffer, Muskat
- nach Geschmack 100 ml Sahne
- Stärke zum Binden

ZUBEREITUNG:

Die Lammkeule abwaschen, trockentupfen, salzen und im heißen Fett ringsherum in einem ausreichend großen Bräter anbraten. Gewürfelte Schalotten und zerdrückte Knoblauchzehen kurz mit anschwitzen lassen. Mit etwas Fleischfond ablöschen, sodass die Keule zu einem Viertel mit Flüssigkeit bedeckt ist. Die Rosmarinzweige oder Lorbeerblätter zugeben und die Lammkeule (je nach Größe der Keule) anderthalb bis zwei Stunden bei mittlerer Hitze im geschlossenen Bräter schmoren lassen.

Für die Soße den Bratenfond durchsieben, mit Rotwein aufkochen und mit Salz, Pfeffer und Muskat abschmecken. Etwas Stärke mit kalten Wasser anrühren und die Soße andicken. Nach Geschmack mit Sahne verfeinern. Das Fleisch in Scheiben schneiden und zusammen mit der Soße servieren.

TIPP:

Dazu passt ein grünes Bohnengemüse mit Bratkartoffeln. Für das Bohnengemüse frische grüne Bohnen dünsten und dann zusammen mit Speck- und Zwiebelwürfeln in etwas Butterschmalz schwenken.

POLICE LINE
1

»Isabel ist eine exzellente Köchin«, sagte Devlin.
»Das bin ich auch. Ich habe Lobster Rolls auf der Karte, und ich habe ein Rezept für Hummersuppe von meiner Tante«, sagte Mara.
»Und die sind immer köstlich«, sagte ich, um das aufkommende Streitgespräch zu zerstreuen.
(Jessica Fletcher in: »Killer In The Kitchen«, 2015)

Mord ist ihre Leibspeise

Als Angela Lansbury 1980 in dem englischen Spielfilm Mord im Spiegel (The Mirror Crack'd) die berühmte Hobbydetektivin Jane Marple spielte, ahnte sie wahrscheinlich noch nicht, dass sie zehn Jahre später in eine andere Rolle schlüpfen würde, die sie auf der Liste der Fernsehermittlerinnen ganz weit nach oben bringen würde: Jessica Fletcher.

In der beschaulichen Küstenstadt Cabot Cove im Bundesstaat Maine beginnt die ehemalige Lehrerin nach ihrer Pensionierung damit, auf ihrer alten Schreibmaschine Krimis zu schreiben. Heimlich sendet ihr Neffe das erste Manuskript an einen Verlag, und von da an ist es mit dem Ruhestand vorbei, denn sie avanciert rasch zur Bestsellerautorin. Dass ihr von Stund an die Mordopfer nur so vor die Füße fallen, liegt an dem ungeschriebenen Naturgesetz, das besagt, dass Serienermittler Morde offenbar ebenso verlässlich anziehen wie Magnete die Stecknadeln. Im Urlaub, auf Lesereisen im In- und Ausland, auf Gala-Dinners … In 264 Episoden der Fernsehserie Mord ist ihr Hobby (Murder, She Wrote) wird in Jessica Fletchers Nähe irgendwer erschossen, erstochen oder vergiftet.

Auch im Fall des ermordeten Starkochs Bernardo Bonelli hat die Schriftstellerin in der Folge Sizilianische Methoden (Proof in the Pudding, 1994) wieder einmal den richtigen Riecher. Zu Besuch in New York wird sie in seine Fernsehshow eingeladen, wo sie zu dem von ihm gezauberten Lammbraten ein passendes Risotto zubereiten soll. Das gelingt ihr auch mit Anstand, obwohl um Bonelli herum das große Chaos tobt: Er hat immense Schulden, auf sein neues Restaurant, das kurz vor der Eröffnung steht, wird ein Farbattentat verübt, ein windiger Geschäftsmann will sich ihm auf skrupellose Art und Weise als Geschäftspartner aufdrängen, sein Fernsehproduzent bezichtigt ihn des Fremdgehens mit seiner Frau, und ein angestellter Küchenhelfer pfuscht ihm unablässig ins Handwerk und will sein eigenes Süppchen kochen …

Als Bonelli eines Nachts in seiner Küche erstochen wird, fällt rasch der Verdacht auf Jessicas Freundin Lorna, die gemeinsam mit dem Star-Koch ein Feinschmeckerlokal eröffnen wollte. Also ermittelt Jessica zwischen Töpfen und Pfannen, und am Ende kommt ihr ein Gewürz zur

Literarisch ist Jessica ein Spätzünder.
Ihr erster Roman entstand erst nach der Pensionierung.
Aber als Hobbydetektivin verschwendet sie keine Zeit.

Hilfe, gegen das die Mörderin eine Allergie entwickelt hat, und das bei ihr sogleich verräterische Tränen fließen lässt: Koriander.

Koriander *(Coriandrum sativum)* zählt zu den ältesten Küchenkräutern der Welt. Blätter, Stiele, Wurzeln und Früchte finden in der Küche Verwendung. Von seiner Heilkraft wurde bereits in Sanskrit-Schriften und im Alten Testament berichtet.

Man liebt dieses Gewürz, oder man hasst es: Viele Menschen mögen den intensiven, aromatischen Geschmack, während andere ihn kaum ertragen können. Die zweite Gruppe ist dabei allerdings in der Minderheit. Wie zwei kanadische Forscher festgestellt haben, verabscheuen 21 Prozent der Ostasiaten, 17 Prozent der Europäer und 14 Prozent der Afrikaner das Kraut. Bei den Südostasiaten, den Lateinamerikanern und den Menschen aus dem Mittleren Osten sind es sogar nur zwischen drei und sieben Prozent. Ob dieser teilweise leidenschaftlichen Ablehnung kulturelle oder genetische Faktoren zugrunde liegen, ist noch nicht erforscht.

In der Folge wird zwar sehr viel gekocht und gegessen, aber der Originaltitel PROOF IN THE PUDDING hat weniger mit einem leckeren Dessert zu tun, als vielmehr mit dem englischen Sprichwort zu tun, das da heißt: »The proof of the pudding is in the eating.« Der Test des Puddings besteht darin, dass man ihn isst, oder freier übersetzt: Probieren geht über Studieren. Im Deutschen bezeichnet man dies auch als *Puddingprobe*.

RISOTTO MIT SAFRAN

ZUTATEN FÜR 4 PERSONEN:

- **1 Zwiebel**
- **3 EL Olivenöl**
- **400 g Risotto-Reis**
- **250 ml trockener Weißwein**
- **750 ml Liter Gemüse- oder Geflügelbrühe**
- **1 Messerspitze Safranfäden**
- **Salz, Pfeffer**
- **40 g geriebener Parmesan**
- **1 kleiner Bund frisch gehackter Koriander**

ZUBEREITUNG:

Die Zwiebel schälen und in kleine Würfel schneiden. Mit dem Öl in einem Topf anschwitzen, bis sie glasig sind. Den Reis zugeben und ebenfalls unter Rühren glasig werden lassen. Mit dem Weißwein angießen und weiter rühren, bis der Reis die Flüssigkeit fast aufgenommen hat. Nun etwas Brühe angießen und die Safranfäden zugeben. Das Risotto unter Rühren garen lassen und erst weitere Flüssigkeit zugeben, wenn diese vom Reis aufgenommen wurde. Den Reis zu Ende garen und mit Pfeffer, Salz und Parmesan abschmecken. Mit gehacktem Koriander überstreuen und servieren.

TIPP:
Wie in der Fernsehsendung, in der Jessica Fletcher zu Gast ist, lässt sich das Risotto wunderbar mit der Lammkeule des vorherigen Rezepts kombinieren.

EIN BISSEN VORM MORGENGRAUEN

»Ein Telefon läutete in der Dunkelheit. Nachdem es dreimal geläutet hatte, knarrten Bettfedern, Finger tasteten auf Holz umher, etwas Kleines, Hartes schlug dumpf auf einen Teppichboden, Bettfedern knarrten erneut, und die Stimme eines Mannes ertönte: »Hallo ... Ja, am Apparat ... Tot ... Ja ... Fünfzehn Minuten. Danke.« (Dashiell Hammett, Der Malteser Falke, The Maltese Falcon, 1930)

Wenn der Tag zu Ende geht und die Nacht übers Land fällt, freut sich auch der hartgesottenste Ermittler über den wohlverdienten Feierabend. Freilich ist der nicht jedem beschieden, denn das Böse schläft ja bekanntlich nie.

Fantomas bedrohte zum Beispiel die Welt rund um die Uhr. Jener kaltblütige, stets maskierte Superverbrecher, der in der Romanreihe des Autorenduos Marcel Allain und Pierre Souvestre zu Beginn des 20. Jahrhunderts raubt und mordet. Der tapfere Kommissar Juve ist ihm stets auf den Fersen. Auch er kennt weder Tag noch Nacht.

Und jemand anderes ist auch noch unterwegs: Arsène Lupin, der Meisterdieb, den Maurice Leblanc erfand. Er huscht, wie der skrupellose Fantomas, in unterschiedlichen Kostümierungen durch das nächtliche Paris derselben Epoche. Nur vermeidet er Gewalt und ist weniger daran interessiert, Angst und Schrecken zu verbreiten, als vielmehr ungesehen an die Juwelenkolliers reicher Damen zu gelangen.

Von Kommissar Jules Maigret, der ebenfalls oft bis zum Morgen den Mördern von Paris hinterherspürt, war bereits die Rede. Mal ermittelt er in den Kellern des *Hôtel Majestic,* mal an den Ufern der Kanäle, wo es »nach Pernod duftet und in Schwaden aus der Küche der appetitliche Geruch von Huhn in Weißweinsoße dringt«. Kein Wunder, dass er da auch gern zu später Stunde noch einkehrt.

Die Privatschnüffler in L.A., Chicago oder in der Bronx schlürfen zumeist in einem ranzigen Diner oder hinter dem Steuer ihres Wagens schlechten Kaffee und essen Doughnuts, um gegen die Müdigkeit anzukämpfen. So wie Wayne Tarrance, der Mann vom FBI in John Grishans **Die Firma (The Firm, 1991):** »Tarrance saß am Straßenfenster und beobachtete, wie Michael in der Ferne im Verwaltungsgebäude verschwand. Er bestellte Kaffee und einen Schokoladen-Doughnut. Er sah auf die Uhr. Es war zehn Uhr.«

Ohne Doughnuts, jene typisch amerikanischen Gebäckteilchen, die im 17. Jahrhundert von den holländischen Einwanderern unter dem Namen »Olykoeks« (öliger Keks) mitgebracht wurden, läuft keine echte Überwachung. Die Löcher macht man übrigens angeblich erst seit dem Jahr 1847 hinein, damit sie auch in der Mitte gut durchgebacken wurden.

Durch die nächtlichen Straßen Londons waberte in früheren Zeiten verlässlich der Nebel, den man auch dort in einem gewissen Stadium »peas soup« nennt – genau wie unsere Erbsensuppe. Man kann von Glück sagen, dass zahlreiche Bobbys an den Straßenecken parat stehen, denn wer weiß, wem man sonst in die Hände fällt. Der Hexer, Der Zinker oder Der schwarze Abt sind hier schließlich unterwegs. Ihr Erfinder Edgar Wallace liebte die dunklen Seiten seiner Heimatstadt. Als Journalist lernte er die Night Clubs von London kennen, wie den *43 Club* und den *Shim Sham Club* in Soho (ein Akronym für South of Houston Street) oder den *Caravan Club,* in dem sich wie in vielen anderen Etablissements Homosexuelle mehr oder weniger ungestört vergnügen konnten. Später machte er diese Bars, in denen getanzt, gegessen und so manches Verbrechen geplant wurde, zu Schauplätzen in seinen Romanen.

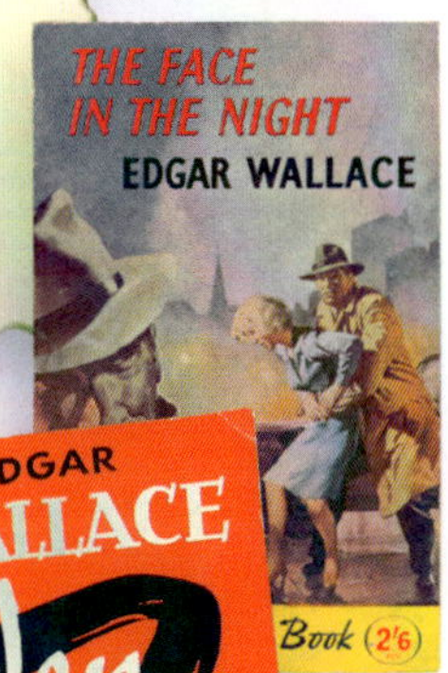

In Der Frosch mit der Maske (The Fellowship of the Frog, 1925) schickt er den jungen Ray Bennett, der fälschlich des Mordes bezichtigt wird, durch die nächtliche Unterwelt. »Der Heron's Club war zeitweise von der Polizei geschlossen worden, aber nun hatte man die Erlaubnis bekommen, die Türen wieder zu öffnen.« Im Club trifft Ray auf den undurchsichtigen Joshua Broad, der eine Einladung zu einem kleinen Nachtmahl jedoch ablehnt. »Ich esse nicht sehr viel. Aber wenn es Sie nicht stört, werde ich eine Zigarette rauchen.«

Doch was machen die Ermittler von heute? Nun, zumindest in Köln ist es ganz klar. Die Tatort-Kommissare Freddy Schenk (Dietmar Bär) und Max Ballauf (Klaus J. Behrendt) fahren nämlich nach getaner Arbeit gerne auf die andere Rheinseite, von der man so einen schönen

Aus, vorbei, Feierabend.
Kurz vor dem Abspann gibt es
für die Kölner Tatort-Kommissare
noch die verdiente Currywurst.

Blick auf den Dom hat. Dort suchen sie die berühmte *Wurstbraterei* auf und gönnen sich etwas Handfestes: die gute alte Currywurst. Dabei wird auch gerne nochmal die ganze Auflösung repetiert, falls irgendein Zuschauer am Schluss womöglich immer noch nicht so ganz durchgeblickt hat. So wie in BAUSÜNDEN (FOLGE 1044, 2018).

Freddy: »Also hat der Könecke zusammen mit seinen Schergen und Susanne Baumann das alles nur inszeniert. Um seinen wichtigsten Auftraggeber damit zu erpressen.«

Max: »Ja. Und Terstegen, Köneckes rechte Hand, hat die ganze Drecksarbeit gemacht.«

Freddy: »Er will den Stick mit den Videoaufnahmen. Frau Faust will das nicht. Es kommt zum Streit … er tötet sie.«

Für die beiden steht fest: »Das soll der Richter entscheiden. Nicht mehr unsere Baustelle.« Hauptsache, der Fall ist gelöst.

Jetzt ist Feierabend! Da sind sich die beiden sympathischen Bullen einig. Und auch hierbei: »Prost!« Freddy hebt das Kölschglas und dreht sich zum Wurstbudenmann um. »Gebhard, schreibstes auf, ne.«

HARTER STOFF FÜR HARTE KERLE

»Zu dieser Zeit waren die meisten Körper, an denen Anatome arbeiteten, tatsächlich kalt. Sie wurden aus ganz Großbritannien nach Edinburgh gebracht – einige kamen über den Union Canal. Die Resurrektionisten – Leichenräuber – legten sie zum Transport in Whisky ein. Es war ein lukratives Geschäft.«

»Aber wurde der Whisky danach noch getrunken?«

Devlin kicherte. »Wäre jedenfalls ökonomisch.« (PUPPENSPIEL / THE FALLS, 2001)

Whisky und Ermittler sind eine glückliche Verbindung. Viele Detektive und Polizisten fühlen sich zu diesem Getränk hingezogen, ob Philip Marlowe mit dem berühmten Bourbon *Old Grand Dad* oder die Protagonisten in Peter Cheyneys (1896-1951) Hardboiled Romanen. Ihm, der unter anderem den FBI-Agenten Lemmy Caution schuf, wird nachgesagt, dass er für die Gleichung »Noir = Gewalt + Alkohol« verantwortlich war. Durch seine Romane wurde Whisky im Nachkriegs-Frankreich zum Trend.

Der kundigste Whiskytrinker unter allen Ermittlern ist aber wohl Ian Rankins mürrischer Detective Inspector John Rebus. Ein Mann, der lieber die Stones als die Beatles hört und der eher ein Nachfolger Philip Marlowes ist als von Miss Marple.

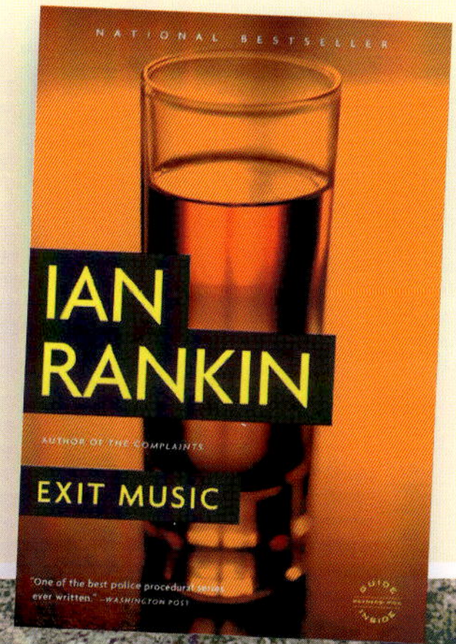

Rebus liebt die torfigen Whiskys der Insel Islay (vor allem Laphroaig, aber auch Bowmore und Lagavulin), am häufigsten greift er aber zu einem Whisky von den Orkney-Inseln: Highland Park. Kein Wunder, dass Rankin zum 30jährigen Jubiläum seines weltberühmten Ermittlers eine Rebus30-Edition mit der Destillerie kreierte.

Rebus trinkt sich aber durch alle schottischen Whiskyregionen:
Glenmoraie (EHRENSACHE / STRIP JACK, 1992)
Talisker (BLUTSCHULD / MORTAL CAUSES, 1993)
Balvenie (DIE SEELEN DER TOTEN / DEAD SOULS, 1999)
Dewar's (IM NAMEN DER TOTEN / THE NAMING OF THE DEAD, 2006)

CURRY-SAUCE

ZUTATEN FÜR 4-5 KLEINE GLÄSER ODER FLASCHEN À 200 ML:

- **800 g Tomaten**
- **1 mittlere Zwiebel**
- **200 g milder Essig**
- **1 EL Salz**
- **2 TL Paprikapulver und 4 TL Curry**
- **Pfeffer**
- **Zucker nach Geschmack**
- **1 Tube Tomatenmark**
- **1 EL mittelscharfer Senf**
- **einige Spritzer Worcestershire-Sauce**

ZUBEREITUNG:

Die Tomaten kreuzweise einritzen und zum Häuten mit heißem Wasser überbrühen. Kurz ziehen lassen, die Tomaten in kaltem Wasser abschrecken und dann die Haut abziehen. Die Zwiebel schälen und fein hacken. Die Tomaten in Stücke schneiden und zusammen mit der Zwiebel und dem Essig in einen Topf geben, Salz zugeben und die Masse köcheln lassen, bis die Tomaten gar sind.

Mit Zucker und den anderen Gewürzen abschmecken und – je nach Feuchtigkeit der Tomatenmasse – diese mit etwas Tomatenmark binden. Mit dem Senf und der Worcestershire-Sauce abschmecken.

Die Masse weiter einköcheln lassen, bis die gewünschte Konsistenz erreicht ist. Nach Geschmack die Sauce pürieren. Noch heiß in die vorbereiteten Gläser und Flaschen einfüllen.

DANKSAGUNG

Aus vollem Herzen und mit vollem Magen möchten wir uns bedanken.

Beim berühmten »Kriminalhaus« in Hillesheim fanden wir nicht nur den nötigen literarischen Stoff in der riesigen Bibliothek, wir konnten auch die Requisiten des Krimicafés und die gesamte anregende Atmosphäre für die Inszenierung der Rezeptfotografien nutzen.

Bedanken wollen wir uns auch bei Sabine Hockertz, die dieses Buch durch ihre liebevolle Ausgestaltung zu etwas ganz Besonderem gemacht hat.

Außerdem danken wir natürlich den Autorinnen und Autoren all der Bücher, den Schauspielerinnen und Schauspielern unserer Lieblingskriminalfilme und -serien und den Machern dieser inspirierenden Produktionen.

Herrn Bernd Malkus und Herrn Gustl Gotzler danken wir für die Erinnerungen an die Dreharbeiten in der Münchner Polizeikantine.

Ein Dankeschön auch an all die Webseiten, Blogs und Foren, deren unzählige Beiträge uns weiterhalfen.

Und schließlich gilt unser Dank natürlich denen, die in den vergangenen Jahrzehnten andere Kochbücher veröffentlicht haben, die für uns eine enorm wichtige Quelle waren:

Johna Blinn »Celebrity Cookbook«, Elizabeth Bond Ryan & William J. Eakins »The Lord Peter Wimsey Cookbook«, Robert Courtine »Simenon und Maigret bitten zu Tisch«, Felicity & Roald Dahl »Road Dahl's Cookbook« und »Memories with Food at Gipsy House«, Kenneth Downey »As We Like It – Cookery Recipes by Famous People«, Frank Göhre »Frühstück mit Marlowe«, »Good Housekeping Magazine, Who's Who Cooks«, Gerald Grote »Der Kommissar«, Jenny Hammerton »Cooking With Columbo«, Katrin Hampel »Das Derrick Buch«, Jeanine Larmoth »Murder On The Menu«, Anne Martinetti & Francois Rivière »Crèmes & châtiments«, Estérelle Paynay »Les Criminels passent à table«, Berndt Schulz »Das Hitchcock Krimi-Kochbuch«, Rex Stout »The Nero Wolfe Cookbook«

Ralf Kramp, Ira Schneider und Carsten Sebastian Henn

»Das wärs für heute Abend. Ich denke, wir werden uns zu einer anderen Zeit bei einer anderen Geschichte wiedersehen. Bis dann, gute Nacht!«

(Alfred Hitchcock)

BILDNACHWEIS

S. 8: John, Adobe Stock, S. 9: PRASERT, Adobe Stock S. 12: Snap stills, S. 15: Rodhullandemu, WikiCommons, S. 20: thanavut, Adobe Stock, S. 20, 21, 23, 30: WikiCommons, S. 32: karesch, Adobe Stock, S. 33: Alan Light, WikiCommons, S. 36: Ruslan Kudrin, Adobe Stock, S. 38: Commune di Scici, S. 39: RAI1 + Filippo Caranti aka Terrasque, WikiCommons + Marco Tambara, WikiCommons, S. 42: Elke Hötzel, Adobe Stock, S. 43: Bernd Malkus, S. 44: Monster4711, WikiCommons + kpa / Alamy Stock Photo + simone minth, Adobe Stock, S. 45: 1jaimages, Adobe Stock + Impress Own Production / Alamy Stock Photo, S. 46: Henry Schmitt, Adobe Stock, S. 49: picture alliance / Everett Collection + VIP-Images, S. 52: traction.fr, S: 54: Edhral, WikiCommons, S. 56: Harper&Brothers, WikiCommons, S. 59: Adrian Beney, WikiCommons, S. 62: A.F. ARCHIVE / Alamy Stock Photo, S. 63: Pictorial Press / Alamy Stock Photo, S. 64: Moviestore Collection Ltd / Alamy Stock Photo + ArtCookStudio, Adobe Stock, S. 65: ekim, Adobe Stock + Good Housekeeping Magazine, S. 68: Andreas Praefcke, WikiCommons, S. 69: JWS, Adobe Stock + Ziege2000, WikiCommons, S. 71: A. Savin, WikiCommons + Nik, Adobe Stock, S. 75, 76, 77: VIP-Images, S. 83: WDR / Frank Dicks, S. 84: Chris06, WikiCommons + Westwind, Adobe Stock, S. 87: focus finder, Adobe Stock, S. 88: Hans van Dyck / Anefo, WikiCommons, S. 89: A.F. ARCHIVE / Alamy Stock Photo S. 90: kpa Publicity Stills / Alamy Stock Photo, S. 91: RGR Collection / Alamy Stock Photo, S. 95: VIP-Images + dred2010, Adobe Stock + volff, Adobe Stock+ sergeka, Adobe Stock, S. 100: picture alliance / United Archives | United Archives/Impress, S. 103: Thomas Pajot, Adobe Stock, S. 107: RGR Collection / Alamy Stock Photo, S. 109: WikiCom mons, S. 110: Midnightdreary, WikiCommons + Africa Studio, Adobe Stock, S. 111: A.F. ARCHIVE / Alamy Stock Photo + Elenathewise, Adobe Stock, S. 112: Fotolyse, Adobe Stock, S. 118: George Grantham Bain Collection, WikiCommons, S. 120: ITV + Chaz, Adobe Stock, S. 121: Anagoria, WikiCommons, Johna Blinn: Celebrity Cookbook, S. 122: A.F. ARCHIVE / Alamy Stock Photo + BBC, S. 123: VIP-Images, S. 124: Jan, Adobe Stock, S. 134: Joop van Bilsen / Anefo, WikiCommons, S. 136: Murdockcrc, WikiCommons + Michael Gwyther-Jones, WikiCommons, S. 136 u. 138: Mary Evans / STUDIOCANAL FILMS LTD / Alamy Stock Photo, S. 139: Pictorial Press / Alamy Stock Photo, S. 142: A.F. ARCHIVE / Alamy Stock Photo, S. 145: VIP-Images, S. 147: UNITED ARTISTS courtesy APL Archive / Alamy Stock Photo, S. 148: Phawat, Adobe Stock, S. 153: Anglia TV, S. 154: travelwitness, Adbe Stock, S. 157: freeskyline, Adobe Stock, S. 159: VIP-Images, S. 162: Smithsonian Collection, S. 163: Willem van de Poll, WikiCommons, S. 164: WDR, Willi Weber, S. 167: ARCHIVIO GBB / Alamy Stock Photo.

Cover: FA2010, WikiCommons + Mon Œil, WikiCommons, Ira Schneider / Die Fotoküche (2 Fotos)
Backcover: Rob Mieremet, WikiCommons + Yoni S.Hamenahem, WikiCommons

Die Rezeptfotos wurden von Ira Schneider / Die Fotoküche (www.ira-schneider.de) erstellt.
Alle weiteren Darstellungen haben wir entweder den Portalen »thegraphicsfairy.com« oder »pixabay.com« entnommen, oder sie sind gemeinfrei, aus privater Hand, im Besitz des KBV, oder wir konnten trotz intensiver Recherche die Urheber nicht ausfindig machen.